知的生きかた文庫

なぜかうまくいく人の頭のいい時間割

平野友朗

三笠書房

はじめに

「時間割」を使えば、人生もっとうまくいく！

時間管理ができるようになると何が起きるのか。

人生が変わると断言します。私がそうだったからです。

会社員時代は、毎日の残業だけでなく土日出社も当たり前でした。独立後は、さらに状況が悪くなり、３６５日24時間営業のような状態でした。

仕事は好きだけど、このままでは仕事だけの人生になってしまう。それは嫌だと一念発起して、仕事の時間を減らし、徹底的に密度を高めるようにしました。

1年たち、2年たち、労働時間は減り続け、一方こなせる仕事量は増えていきました。毎日定時に帰り、土日はしっかり休む。私の時間管理術が完成した瞬間でもあります。

これは仕事に限った話ではありません。時間管理ができるようになると労働時間が減り、趣味に時間を費やしたり、家族とだんらんする時間を増やしたり、スキルアップに励んだりすることができるようになります。

何をもって充実した人生とするかは人それぞれですが、**時間の使い方が人生を決める**といっても過言ではありません。

「やりたいことがたくさんあるのに時間が足りない」
「定時に帰りたいのに仕事の量が多すぎる」
「自分の予定を管理できない」
「仕事の抜け漏れがある」
「何を試してもうまくいかない」

このような悩みがあって本書を手に取ったことでしょう。

みんなに平等に与えられた24時間を、うまく使えている人と、うまく使えていない人には、どのような差があるのでしょうか。

時間管理ができている人は、血のにじむような努力をしているのでしょうか。

時間管理ができている人は、特別なことをしているわけではありません。時間管理やタスク管理の技術を知っていて、実践しているだけです。

この技術は、一度学んで身につければ、**人生を思いどおりに生きるための武器**になります。無理をせず、楽をして、余裕のある生活を送りたければ、身につけて損はありません。

手帳、ノート、付箋、卓上カレンダー……一切必要なし

時間管理というと、手帳術、ノート術、メモ術、付箋仕事術、整理術など、いろいろな方法があります。私も効率を求めて、いろいろと試しました。

でも、どれもしっくりいきません。試してはやめ、試してはやめ……。同じような

経験をしている方は多いのではないでしょうか。
　本書では、そんな**私が、ついに見つけた「うまくいく方法」**を紹介します。

　それが**「時間割」**です。私たちは学生時代、時間割の中で生きていました。登校して、一限目から決められた順番に授業を受けます。授業時間と休み時間を規則正しく過ごします。

　しかし、社会に出たら時間割は用意されていません。自主性が尊重されます。始業や終業の時間は決まっていても、業務時間に何をするかは自分が決めます。

　私がはじめて勤めたのは典型的な営業会社でした。テレアポや訪問の時間はすべて営業任せ。いつ、何を、どれだけ行なうかを、自分で決めなければなりません。その結果、時間管理が苦手だった私は、徐々にサボるようになりました。

　仕事の密度は薄くなっても、本人には自覚がありません。そんな状態のまま起業したから、さあ大変。泣きをみるのは、火を見るより明らかです。

　起業した当初（20年前）は悲惨な生活をしていました。夜中の2時、3時まで仕事をするのが当たり前。パソコンの前で、うとうとして目が覚めると朝。そのまま作業を再開するような毎日でした。四六時中メールをチェックして、夜の12時過ぎに入った依頼は明け方までに対応。24時間営業のような状態です。

会社を辞めて起業したばかりだったので必死だったこともあり、時間感覚がまひしていました。効率が悪いかどうかは考えることもなく、つねに仕事をしていて、がむしゃらであることが素晴らしいとさえ思っていました。

30歳を超えたとき「いまの働き方では何のために独立したのかわからない。この働き方を何年も続けることはできない」と思い、時間の使い方を根本的に見直しました。その中で**一番効果があったのが、時間割によるスケジュール管理**です。

すべての業務（タスク）をカレンダーに記入して、一つずつ対応するだけ。もちろん、時間割を作るだけでは予定どおりに終わりません。重要なのは、予定を立てて、その時間の中で仕事をこなすこと。つまり、スピードも大事なのです。

次の二つができれば、毎日定時に帰れる夢のような生活が待っています。

① 予定を立てる（時間割を作る）
② 実施する

答えは、じつにシンプルです。やるべきことを確実に、かつ素早くやるだけ。

■仕事からプライベートまで、すべてが好転する！

仕事のスピードを上げるポイントは四つあります。

① 一つのことに集中する
② 情報を一元管理する
③ 繰り返しの業務の効率を突き詰める
④ 一つひとつの作業スピードを上げる

当たり前だと思うでしょうか。でも、この四つをすべて、完璧にできている人に会ったことがありません。意識しているのにできていない、というよりは、ここがポイントだと気づいていないようです。本書では、この問題についても取り上げます。

時間は管理できます。しかも、**自分の時間は、自分でしか管理できません。**

あなたが管理しなければ、誰も管理してくれません。

あなたの時間を管理できるのは、あなたしかいないのです。

最初の一歩は、自分の時間は自分が管理する、と決めること。あとは、時間を管理する方法を知り、実践するだけ。難しいことはありません。複雑なこともありません。

私は、時間管理の代名詞ともいえる、手帳、ノート、付箋、卓上カレンダーを使いません。使わないことにしたら、すぐに、うまくいくようになりました。

常識を疑う。ここに成功の鍵があります。手帳やノート、付箋や卓上カレンダーなどを使わない理由や、それなら何を使えばいいのか、詳しく説明します。

本書では、時間割の作り方だけでなく、業務改善の方法や効率化の考え方など、幅広く取り扱っています。仕事からプライベートまで、**あらゆる場面で応用できる、時間管理のテクニック**が満載です。

できるようになるのに早すぎることはありません。毎日2分節約できれば、年間で1日分の時間を生み出せます。その時間で、あなたは何をしますか。

何をやっても、うまくいかなかった昔の私に今すぐ読ませたい。時間管理の袋小路で迷子になっている方に読んでほしい。

この本をきっかけに時間管理の悩みが一つでも解消できますように。

平野友朗

『なぜかうまくいく人の頭のいい時間割』もくじ

はじめに　「時間割」を使えば、人生もっとうまくいく！　3

1章 うまくいく人は「付箋」を使わない

01 付箋を使うと、かえって仕事が遅くなる!?　18
02 「卓上カレンダー」は置いてはいけない　24
03 「衝動の反応」をゼロにしよう　29
04 人に反応しない環境をつくる　33
05 仕事中に「あ！」が頻発したら要注意　35
06 「タスクを記録する」ことに意味がある　37
07 とにかく「記録、記録、記録」　41

2章

うまくいく人は「ノート」を使わない

08 「考える必要がないもの」は、考えない 45
09 「ルール」を決めておけば、無駄は減らせる 47
10 言い訳する前に、さあ始めよう! 49
11 メモを取るなら「A4コピー用紙」で十分 54
12 要らないメモは、すぐ捨てる 60
13 クリアファイルは、つねにアップデート 64
14 「ストックスペース」を増やさない 67
15 参考資料は手元に残さない 69
16 使わない書類は、迷わず捨てる 72
17 「ウィルパワー」の無駄遣いをしない 78

3章 うまくいく人は「優先順位」をつけない

18 「優先順位」が要らぬ混乱を生む 84
19 「過剰品質」は自己満足でしかない 88
20 まず「合格点は何点か」を知ろう 91
21 「なぜか期限を守れない」本当の理由 93
22 期限がないものは、仕事ではない！ 96
23 期限は「死線」と心得るべし 99
24 つねに「賞賛ライン」で仕事をしよう 105
25 期限は「1秒でも過ぎたら」催促すべき 108
26 「マルチタスクの罠」に陥っていませんか？ 112

4章 うまくいく人は「手帳」を使わない

27 私が「手帳を否定する」これだけの理由 116
28 それでも手帳を使いたい人へ 121
29 TODOリストには「致命的な欠点」がある 123
30 TODOリストの活用法は「備忘録」の一択 127

5章 うまくいく人は「先延ばし」をしない

31 「時間割」を作るだけで、すべて好転する 132
32 手順がわかれば、投下時間もわかる 139
33 繰り返しのタスク(月・週・日)を埋める 145

34 「大きなタスク」→「小さなタスク」の順で埋める 148
35 カレンダーのメモは「手順書」代わりに使う 154
36 チェックリストで無駄な作業が激減する 160
37 「1日30％の空き時間」をつくろう 164
38 人が関わる仕事を先にやる 166
39 「金曜日になって動き出す」のはやめよう 168
40 自分の「黄金時間《ゴールデンタイム》を知る」すごい効能 172
41 「隙間時間」にやることを決めておく 177
42 毎朝5分間、「時間割」と真剣に向き合う 182
43 予定、実施したこと……すべてを記録 186
44 今日の「退社時間」を宣言しよう 189
45 「時給思考で決める」と、迷わない、間違わない 191
46 「緊急×重要」のタスクをやめよう 195

6章

うまくいく人は「メール」に時間をかけない

47 メールの処理時間は「年間100時間減らせる」 200
48 「型」を覚えれば、簡単に処理できる 205
49 「過剰品質なメール」を書かない 212
50 「見直し」は最低限でいい 216
51 メールは1分で返信する 218
52 メールは移動中にチェック 221
53 1日に300通のメールをさばく 222
54 メールは消さない 228

編集協力　直井 章子
本文DTP　佐藤正人(オーパスワン・ラボ)

1
章

うまくいく人は「付箋」を使わない

Point
01
付箋を使うと、かえって仕事が遅くなる!?

自分だけの時間割を作る際に土台となる「時間管理」とは何か、身近な例をもとに考えてみましょう。

まずは、時間管理のツールとして、みなさんおなじみの「付箋」です。

私も長い間メモに使っていました。しかし、今はまったく使っていません。ノベルティでもらった付箋は、人にあげたり、捨てたり、定期的に処分しています。

付箋は紛失するのが難点

私が付箋を使わない理由は明確です。

付箋は貼ったり剥がしたりを繰り返すと粘着力が弱くなり、剥がれてなくすことがあるからです。

備忘録としてパソコンのモニターに貼っていたのに、いつの間にかなくなっている。「あれ、どこに行った」と探しても見つからない。忘れた頃、デスクの下に発見。ノートに付箋を貼っていたはずが、別の紙に貼りついている。**付箋のメリットが、私にとってはデメリット**なのです。どこに書いたのか、わからなくなったのも一度や二度ではありません。

付箋でスケジュールを管理するという話を聞きますが、これも難易度が高いのです。付箋に予定とTODOを書いて、手帳に貼りつけます。変更があれば書き直し、予定どおりにできなければ付箋を翌日に移動します。

付箋をぺらっと剥がして貼るのは簡単ですが、それを繰り返していると粘着力が弱くなり、移動したつもりで貼れていなければ漏れが起きます。楽なようで管理に神経を使うので、ズボラな私には向いていません。

「年間240回の無駄」を減らす方法とは？

以前、スタッフへ書類を渡すときには付箋をつけていました。何のメモもつけずスタッフのデスクの上に書類を置いたら、意図が伝わりません。

そのため、次のように、書類を渡す目的を付箋に書くようにしていました。

「これは役に立つと思うから、目を通してくださいね」
「この資料は経費処理に使ってくださいね」
「この書類は念のため渡しておきますね。不要なら処分してください」

請求書の発送依頼などは、スタッフのデスクの上に付箋をつけず請求書を置いても対応してもらえるでしょう。私が請求書を作成してスタッフが郵送するというフローになっていれば、共通の認識ができているからです。

ただし、ポンと書類だけが置いてあると、ちょっと乱暴な依頼ですし、失礼に感じる人もいます。

そのため、請求書に付箋を貼って「発送をお願いします。平野（印鑑）」と書いていました。スタッフは請求書を送り、付箋は破棄します。


請求書の発送依頼は月に30件くらい。一度にまとめて依頼することもありますが、毎月20回くらい、このようなメモを書いていました。正直なところ面倒な作業です。

今ではクリアファイルに「請求書の発送をよろしくお願いいたします。完了後はファイルをご返却ください。平野友朗」と書いた紙を貼り、その中に請求書を入れてスタッフのデスクの上に置いています。

スタッフは、クリアファイルから請求書を抜いて発送し、空のクリアファイルを私に返却する。これ

クリアファイルに、書類を渡す目的を書いた紙を貼り、使い回す

によって**年間240回くらいの付箋に書く作業を減らせました。**
このようなクリアファイルを複数用意して、その都度使い分けています。

付箋でパスワード管理はアウト

パスワードを付箋に書いてパソコンのモニターに貼っている人を見かけることがありますが、セキュリティ上、完全にアウト。

パスワードを知りたいとき目の前にあるから便利だとしても、パスワードを貼ったパソコンを紛失したら、パスワードを書いた付箋をなくしたら……。

考えただけでも恐ろしい。周囲の信頼を失うだけでなく、回復に膨大な時間を要します。これもまさに時間の無駄です。

付箋が集中力を奪う

問題はこれだけではありません。付箋が気になるということ。じつは、これが大きなデメリットです。

付箋がパソコンのモニターに貼ってあると、知らぬ間に目がいきます。「それが便利だから、やるべきことを書いて貼っておくんだよ」という声が聞こえてきそうですが、視界に入って気になるというのは思っている以上に仕事のスピードを落とします。

これがじつに厄介です。

□ **山田さんに電話**
□ **山本さんにメール**
□ **飛行機予約**

その文字を読んで「面倒だな！」「そろそろやらないと本当にやばいぞ！」と思考が飛び、集中力が切れます。今やっている作業から付箋に気持ちは移

貼ってある付箋が気になると、思考の寄り道が始まる

り、付箋が気になって仕方がない。

この**思考の寄り道こそ、効率を下げる最大の原因**です。普段から、貼ってある付箋を気にしていない人もいるでしょうが、付箋を意識できていないなら、貼っている意味がありません。

意識がAからBへ、BからAへと行ったり来たりするのは、集中できていない状態です。行ったり来たりすれば、それだけ時間を奪われます。

最短距離で業務を遂行したければ、**一つのことに集中する**。そのためにも気が散るようなことはしない。それが付箋を使わない最大の理由です。

Point
02 「卓上カレンダー」は置いてはいけない

卓上カレンダーも10年くらい前から使っていません。

毎年年末になるとカレンダーが送られてくるので「せっかくだから」と軽い気持ち

でデスクの上に置いていました。メモ欄が小さいので主要な予定だけを書き込んでいました。これが**じつは効率を下げる原因**になっていたのです。

卓上カレンダーでのスケジュール管理にはデメリットが二つあります。

①　一元管理ができない

②　視界に入る

スペースが小さいゆえの限界

卓上カレンダーは記入スペースが小さいので書けることが限られます。「A社で研修」「経費精算」など予定を書いたら、もういっぱい。いくつも書けないので大きなイベントだけ書くようにすると、卓上カレンダーに書く予定と書かない予定が出てきます。

さらに、予定に付随する情報はスペースがなくて書けないから別に記録する、なんてことになる。つまり、2カ所以上で情報の管理をすることになります。

スケジュールの管理を主に手帳で行なっている場合、卓上カレンダーに詳細なスケジュールを書き込んでも、手帳に必ず転記することになります。卓上カレンダーに予定を書いた後、手帳に書き忘れたら、約束を二重にしてしまうこともあるでしょう。予定が変更になれば、手帳のカレンダーを修正して、卓上カレンダーも修正する。同じことを2回しなければなりません。しかも、忘れることなく、間違えることなく。

こうした**行動の重複が無駄**を生みます。塵《ちり》も積もれば山となる。無駄な時間の積み重ねが大きな無駄につながります。

時間の損失だけではありません。書き忘れ（転記漏れ）のリスクもあるし、ミスがあれば信用も失います。管理するものが増えれば増えるほど、エラーも起こりやすくなります。

情報は1カ所で管理するべきです。卓上カレンダーは、それには向きません。一元管理ができないということは、メインツールにはなれないということです。

すべての予定や情報を記録する媒体が必要になります。

雑念がわくきっかけに

二つめのデメリットが「視界に入る」。これは付箋と同じです。

パソコンのモニターを見て集中していたとしても、ふと視線を落として卓上カレンダーが目に入った瞬間、思考の寄り道が発生します。集中力はプチッと切れて気持ちはカレンダーに。

「来週は出張かぁ〜。忙しくなるなぁ」
「ホテルをまだとっていないなぁ。やばいかも」
「今月は祝日があるんだった。ラッキ〜。何をしようかなぁ」

このように雑念がわいてきます。こうなったら最後。意識は目の前の業務から遠く離れていきます。

卓上カレンダーを暦の確認のために置いている人もいるでしょう。

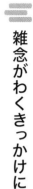

「今日は何曜日だっけ」と思ったときに確認できるから便利。これだけの利用目的なら賛同できます。

だとしても、クラウドツールのカレンダーを使っていれば、それを見ればいい。仕事ではブラウザを開いていることも多いでしょうから確認する時間もかかりません。手帳を使っているなら、手帳を開けばいい。

必要なときのみ視界に入るようにする。不要なときに視界に入り、気が散ることのほうが不便です。

私は多くの時間をパソコンの前での仕事に費やしています。つねにＧｏｏｇｌｅ Ｃｈｒｏｍｅのブラウザを利用し、タブでＧｏｏｇｌｅカレンダーを開いています。カレンダーを見たいときはタブをクリックするだけで瞬時に呼び出すことができ、スピードも落ちません。

Point

03 「衝動の反応」をゼロにしよう

付箋を見てしまう、カレンダーを見てしまう、スマホに通知が届いたら気になる、携帯電話が鳴ったら気になる。

今までやっていた作業を強制的に中断させられて別のものが気になってしまう。これが仕事中、頻繁に起こっているなら要注意。自分で自分の足を引っ張っているようなものです。

やるべきことがあるのに刺激に反応してしまう

私はこれを「**衝動の反応**」と呼んでいます。

今やるべきことがあるのに、ある刺激が与えられると反応してしまう。反応したくないのに、気になって仕方がない。

集中して作業をしたいなら、衝動の反応を限りなくゼロに近づけるしかありません。今、目の前の業務に集中すべきなのです。

仕事を予定どおり進めるためには、寄り道をしている暇はありません。

「ちょっとくらい、いいだろう……」

「ほんのちょっとだから……」

この繰り返しが膨大な時間を無駄にします。

一度でも脇道にそれたら元に戻るのに時間がかかります。ネットサーフィンはその典型。作業中に思い出して検索、別の記事が気になってクリック、広告が目に入ってクリック。気づいたら30分もたっていて自責の念に駆られる。こうした衝動と闘えなければ時間を管理できません。

ある情報がトリガーになって思考が飛ぶ。気になって頭から離れない。今していることに集中できなくなり、今やらなくていいことなのに、やらないと気が済まなくなる。思考が飛ぶたびに仕事の効率は悪くなります。

だから、思考が飛ぶきっかけになるものは近くに置かない、やらないと決める。

「気になる」という欲求に負けてしまうとしたら、自分自身の忍耐力のなさが原因です。衝動に対する耐性を身につけるか、衝動を起こすトリガーから距離を取るしかありません。

衝動を起こす「トリガー」と距離を取る

自分が衝動の反応をしたら「今、衝動の反応をしているな」と意識します。意識できたら「なんで、これをやっているんだろう」と原因を探ります。

付箋を見て衝動の反応が起こったなら、付箋を使わない。携帯電話が鳴って気になったなら、携帯電話をマナーモードにして鞄の中にしまう。ウェブサイトの広告を見てクリックしたくなったなら「後で見る」と決めてTODOリストに入れる。後でTODOリストを見たら「なんで、これが気になったんだろう」と見る気がなくなることは多いものです。

衝動の反応を生み出す原因がわかったら、それと距離を取ります。

たとえば本書の執筆は、自宅か早朝または土日のオフィスで行なっていました（もちろん、土日に稼働した分は平日にしっかり休みを取っています）。

電話は鳴らないし、スタッフから声をかけられることもない。割り込みの仕事も入りにくい。だから集中力を削がれることはありません。

「集中できる時間」を基準に予定を立てる

一つの予定は、一回に集中できる時間を基準に組みます。長時間集中するのは誰でも大変ですが、30分や1時間であれば、なんとか誘惑に負けず集中できるのではないでしょうか。

学校の授業時間と同じです。作業の時間は、かたまりを小さくすると取り組みやすくなります。**無理なく集中できる最小単位の時間を目安**にします。

執筆は1時間を目安にしています。たとえば、今日は3時間執筆すると決めたら、50分の執筆と10分の休憩をセットにして、3セット繰り返します。

1時間を意識するためにタイマーをかけてもいいですね。ダラダラと作業しない。決めた時間内は集中する。集中を強いるだけでは持たないので休憩も入れる。休憩も仕事の一部です。

気分が乗ったら3回連続で3時間、一気に執筆。たった3時間ですから、電話に出なくてもメールを見なくても問題はありません。

集中できる環境に身を置き、集中を維持できれば、効率は上がります。

Point 04

人に反応しない環境をつくる

人から声をかけられて反応するのも「衝動の反応」です。声をかけられたら無視するわけにもいかないので、反応せざるを得ない。

もちろん、社内であれば声をかけるのを遠慮する必要はありませんが、配慮は必要です。声をかけるときは相手の様子を探ってから。声をかけても大丈夫そうなときに声をかける。

パソコンに向かって忙しそうなときは、チャットで「今、話せますか？」とひと言メッセージを送ってもいいですね。相手から返事がなければ後にすればいいし「話せますよ」と返事がきたら声をかければいいわけです。

静かなオフィスで「○○さん、ちょっといいかな」「○○さん、今は何をやっているの」と声をかけると、他の人も「何かなぁ？」と耳を傾けてしまい、集中力が途切れてしまうこともあるようです。騒がしいオフィスは刺激に慣れているため、そこまで気にする必要はありませんが、静かなオフィスの場合は、メールやチャットでメッセージを送る気遣いがあってもよいでしょう。

職場によって対応策は異なりますが、一人ひとりが「衝動的に反応していないか」と振り返り、衝動的な行動を減らすことに意識を向けるべきです。

振り回したり、振り回されたりしていたのでは、いくら業務改善をしても前に進めませんからね。

Point

05 仕事中に「あ！」が頻発したら要注意

仕事中に「あ！　忘れていた」「あ！　思い出した」と、つい言ってしまうことはありませんか。

これが頻繁に起きているなら要注意。私は「あ！」という言葉を「禁句」にしています。「思い出したんだから、いいじゃないか」と言われそうですが、それではダメ。思い出したということは、それまで忘れていたわけです。「思い出した」という発言は「私は仕事の管理ができていません」と宣言しているのと同じ。思い出すことが仕事の足を引っ張っています。**「思い出す」というのは衝動的な反応**です。

思い出したのには、きっかけがあります。何かを見て、聞いて、連想して。何かに刺激されて、衝動的に思い出しています。

「あ！　そうだ、○○さんに電話をしないと！」
「あ！　そうだ、セミナーのお礼メールを送らないと！」
「あ！　そうだ、研修資料の印刷を忘れていた！」
「あ！　そうだ、新商品の告知をしないと！」

突然、思い出したことがタスクリストの最上位にきます。電話を1本かけるくらいなら5分から10分で済むかもしれませんが、もっと大きな仕事の場合は丸1日かかるかもしれません。

思い出したタスクを実行するために、他のタスクを後ろにずらさなくてはなりません。各所に連絡をしたり、お詫びをしたりしなくてはいけなくなるかもしれません。

周囲に迷惑をかけなくても、スケジュールが間に合わないために、残業や休日出勤をしなければならなくなることもあるでしょう。これでは自分の首を自分で絞めているのと一緒です。

「あ！」が多い人は、他人の発言、カレンダー、メール、いろいろな情報がトリガーとなって、すべきことを思い出しています。すべきことを管理できていないので、つねに思いつきで仕事をします。

今やっていることが後回しになり、今やるべきことがおろそかになる。完全に悪循環です。

Point

06 「タスクを記録する」ことに意味がある

思い出すことがないよう、すべてのタスクを記録する。

記録すれば把握できます。記録していないから、頭から漏れてしまうのです。

私は**Googleカレンダーですべての予定を管理**し、TODOリストにタスクを記録しています。

やらなくてはいけないことが発生したら、必ず記録。具体的なタスクになっていなくても、いったんそこにメモをします。

パソコンに向かっているときは、つねにＧｏｏｇｌｅカレンダーを開いています。メモを取るのはＧｏｏｇｌｅカレンダーとその横にあるＴＯＤＯリストにと決めて、一元管理を徹底しています。どこにメモを取るか決めておくと、自然とそうするのが当たり前になっていきます。

「行動の通り道」にメモを残す

では、パソコンが目の前にないときは、どうするか。

たとえば、企業研修の最中に「○○をやろう」と、ひらめくことがあります。メモを取りたいけれど、ＴＯＤＯリストは開けない。そんなときは研修資料に、こっそりメモを取ります。

Googleカレンダーですべての予定を管理

タブブラウザでつねにカレンダーを
開けるようにしておく

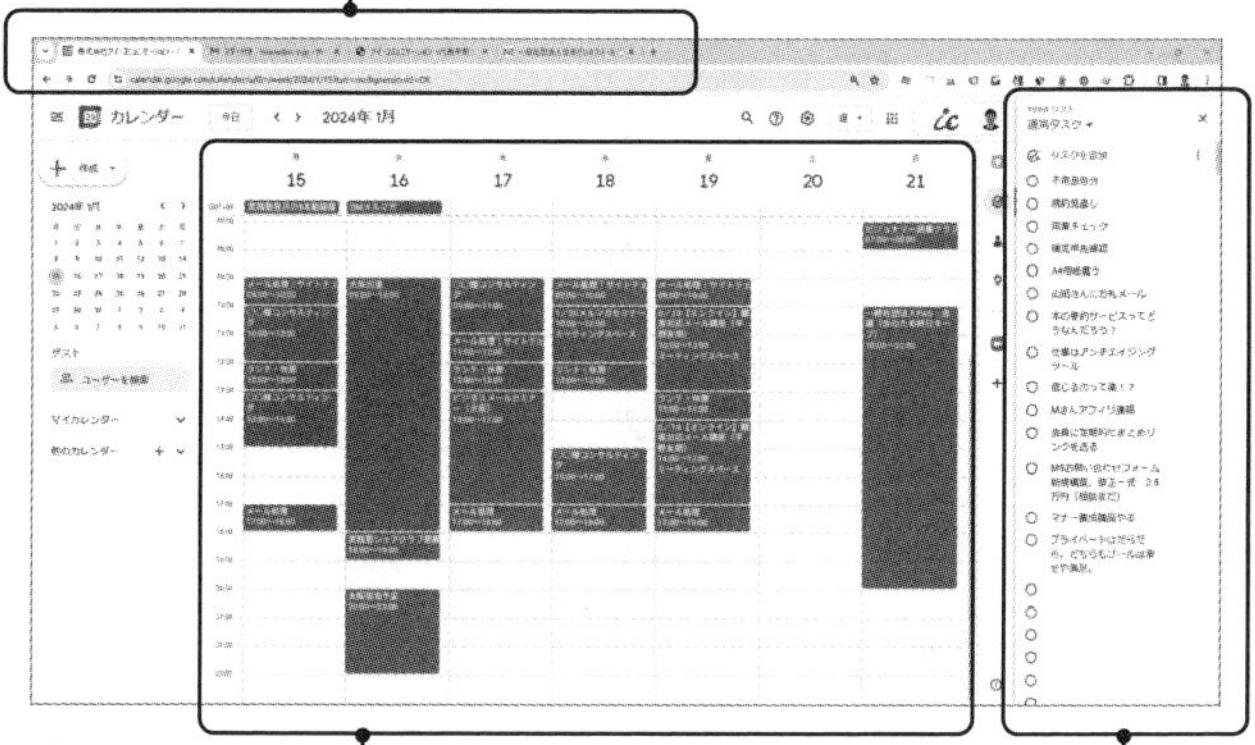

スケジュールは、Googleカレンダー
のみで管理

TODOリストを横に表示
ちょっとしたメモを記憶せずに記録する

思いついたときに記録しておかないと忘れてしまいます。メモは雑で構いません。後で思い出すトリガーになればいいのです。

重要なのは「研修中のメモは研修資料の表紙に書く」と決めておくこと。表紙であれば、片づけるときに目に入り、メモに気づきます。資料の中にメモを取ると、どこに書いたかわからなくなったり、資料を開くことを忘れてしまったりするのです。

行動の通り道にメモを残せば、そのメモに気づけます。「メモを見る」という新たなタスクも不要です。

自分の行動パターンに合ったメモの取り方ができれば、忘れることもありません。

移動中はスマホでＴＯＤＯのアプリに記録します。その情報はパソコンのアプリと連動しているので、見逃すことはありません。

普段の通り道でないところにメモを取ると、そのメモを紛失することがあります。

以前、外食中にアイデアを思いつき、箸袋にメモをして、胸のポケットに入れたことが何度かありました。

しかし、胸のポケットにメモをしまうことが習慣になっていなかったので、50％の確率で洗濯していました。

習慣になっていないことはできません。気づける場所にだけメモを残しましょう。

Point

07 とにかく「記録、記録、記録」

「何かやらなくてはいけなかったはずだが、何だろう」

「これって、どの手順でやるんだっけ」

「○○さんが何か言っていたよなぁ」


このように思い出せず、立ち止まってしまうことはありませんか。

瞬時に思い出せるなら時間のロスは少ないでしょう。

しかし、考えたり、検索したり、人に聞いたりと、そうしたことで費やす時間は、はじめから把握していれば発生しなかった時間です。

解決方法は、**発生したときにメモを取る**。たったこれだけです。

社会人になると「メモを取れ！」と厳しく言われますよね。私も何度、上司に言われたことか。

当時は「この程度のことはメモなんて取らなくても、まだ若いんだし記憶できる」と思っていました。実際に大抵のことは覚えていましたが、大抵ですから完璧ではありません。100言われたうち、99覚えていて、1忘れていたとします。それを優秀だと言えるでしょうか。

99も覚えているんだから、ほぼ100点。賢いなぁ、なんてことにはなりません。残りの1を人に聞いたり、思い出したり、無駄な時間が発生しています。作業全体が遅れる可能性もあるのです。

仕事の管理は100点で当たり前。一つでも漏れてはいけないものです。

完璧に記憶するのは無理だから外部装置を使う

とはいえ、すべてを覚えておくなんて無理。私たちは記憶力選手権に出るわけではありません。覚えていなくてもいい、**すぐに思い出せればいい**んです。

人は忘れる生き物です。忘れるのが大前提。

だから、自分の記憶装置（頭の中）ではなく、外部の記録装置（メモ）を使いましょう。メモをどこに取ったのかだけ覚えておけば、無理して内容まで覚える必要はありません。必要なときに、そのメモを見るだけです。

仕事中に入る割り込みのTODOも、依頼されたら瞬時にメモを取りましょう。

作業中に「平野さん、手が空いたら○○さんに電話してくださいね」と言われて「はーい」と生返事。しばらくすると忘れてしまい、その日の夜になって、ふとした瞬間に「あ！」と思い出す。その結果、お詫びメールが1通増えます。

また、記憶にこだわりすぎると思い違いを生みます。すべてを記憶できるというのは幻想です。

私も「記憶している＝仕事ができる」という幻想にとらわれていたときがありました。記憶していることがカッコイイと思っていました。しかし、**記憶からくる勘違**

いが一番の無駄だと思い知らされることが多かったのです。

打ち合わせでの記憶を頼りに資料を作ったら「そこまでしっかり作らなくてもよかったのに」と言われたり、記憶を頼りに作業をしたら手順が間違っていて一からやり直しになったり。結果的に時間がかかりすぎることになり、やろうとしていた作業がすべて後ろにずれ込んで、スケジュールが狂っていきます。

思い込みで進めず、事前にヒアリングをしたり、要件をまとめて確認をしたり、そのひと手間が無駄を防ぎます。手順書やチェックリストなど記録があれば、それを確認するだけで済みます。

「あれ、そうじゃなかったのか」という記憶違いをしないためにも、自分の記憶力を過信しない。やるべきことが発生したら、すぐにメモを取る。どんなときでも忘れる前にメモ。何かをするときはメモを見る。

『記憶』よりも『記録』です。

Point
08

「考える必要がないもの」は、考えない

考えることは必要ですが、考えすぎるとゴールに到達する前に力尽きてしまいます。重要なのは、**力を入れるべきところと抜くところを決めておく**こと。ただそれだけです。何から何まで考える必要はありません。毎回手順を考えたり、毎回文章を考えたり、頭を使うとやった気になりますが、やらなくてもいいことをしても評価はされません。

仕事は似通った作業が多く、はじめてやることも、過去にやったことがある作業の応用であることが大半です。

・請求書の発行
・提案書の作成
・交通費の精算
・稟議書の作成

・セミナー募集のチラシの作成

経験を引き出しやすいようにしておくだけで、未来の仕事が楽になります。最初は試行錯誤しても2回目は考える必要がありません。

セミナー募集のチラシを作るとします。

まず、セミナーのチラシは基になるデータを作って、所定のフォルダに格納する。新しくチラシを作るときは、そのファイルをコピーして開き、タイトルと日付を変えれば完成。文字を書き換えるだけでチラシが完成するなら楽ですよね。

でも、この**「楽をする」という思考**がないと、毎回レイアウトやデザインを一から考えてしまうのです。考えることが多いと頭が疲れ、途中で力尽きて、雑な仕上がりになる可能性もあります。

考える必要がないものは考えない。そう割り切ってください。考える時間をたくさん取った人が偉いわけではありません。投下した時間に対しての成果が評価の対象です。「なぜか、うまくいく人」は考える回数を減らして楽をしているのです。

Point 09

「ルール」を決めておけば、無駄は減らせる

ルールを決めると考える回数を減らすことができます。

「○○が起こったら××をする」と決めておけば、○○が起きたときに「何をしたらいいんだろう」と**考え立ち止まる時間のロスがなくなります**。

「メモは必ず○○で取る」「△△がなくなったら次は××を購入する」とあらかじめ決めておけば考える必要がなくなります。

日常生活は判断の繰り返し。仕事でもつねに判断に迫られます。

メールを送るか電話をかけるかといった小さな判断から、A社からの値引き交渉を受けるかといった大きな判断まで、その都度、考えていたら消耗します。

その場面になったら、どのように判断するのかを事前に決めておけば機械的に作業ができ、効率も上がります。

値引きは最大30％引きまでにして、それ以上の値引きはどんな条件でも受けない。相見積もりになる案件は訪問しない。

このように決めておけば、考える必要がありませんからストレスも生まれません。

ちなみに、この思考はプライベートでも応用可能です。今から10年以上前のことです。洗濯物を畳んでいたときに、似たような靴下がたくさんあることに気づきます。全部黒に見えるけれど微妙に色が違ったり、ワンポイントのマークがついていたりいなかったり、模様が違ったり。同じ靴下を見つけるのが大変でした。

「こんなに面倒なのはなぜだろう。そうか、似ているものばかりだからだ」と気づいたのです。そこで、持っているすべての靴下を一気に処分し、ユニクロでまったく同じ靴下を12足（4足組みを3セット）購入してきました。それからは本当に楽でした。洗濯した靴下を何も考えず靴下ボックスに入れておくだけ。履くときは適当に2枚取り出せば、それで終わり。どれを手に取っても組み合わせは正解。

繰り返し行なっている無駄な作業がありませんか。それは本当に必要ですか。日常生活でもつねに「減らせないか」「なくせないか」を考えましょう。

Point

10 言い訳する前に、さあ始めよう！

時間管理は、そもそも何のためにするのでしょうか。

じつは、ある企業で「どうして残業をしているんですか?」と聞いたところ、予想外の答えが多数出ました。

「家族のために、残業する時間を取っています」

「家に居場所がないから、会社に残っています」

「帰りにくい雰囲気なんです」

なんとなく残業をしている。残業が問題だと思っていない。

このような考えを根底からくつがえさなければ、どんなに業務改善をしても仕事の時間は減りません。スカスカの密度の低い仕事が続くだけ。本心では「時間管理なんて、できなくてもいい」と思っていると頭が受けつけないのです。

だからこそ、一度真剣に考えてほしいのです。なぜ時間管理を学ぼうと思ったのか。どうして本書を手に取ったのか。それをしつこく自問自答してください。言葉にすると思考を整理できます。

なんとなくの状態でいると、なんとなく時間は流れていきます。具体的な言葉にすれば、具体的な解決策が手に入ります。

私　　「なぜ本書を手に取ったのですか？」

あなた「会社から家に早く帰りたいからです」

私　　「なぜ早く帰りたいのですか？」

あなた「子どもと一緒に食事を取りたいからです」

私　「どうして子どもと一緒に食事を取りたいのですか?」
あなた　「私は両親が共働きだったので、ご飯がずっと一人でした。だから自分の子どもには、そんな思いをさせたくないんです」

これはあくまでも一例ですが「なぜ」「なぜ」「なぜ」を繰り返すと、早く帰りたい本当の理由や将来なりたい姿が見えてきます。

人は、本気でやろうと思ったことしかできません。
あなたは、なぜ早く帰りたいのですか。
なぜ、仕事の時間を圧縮したいと思うのでしょうか。

自分の本心に気づき、早く帰ろうと決意したなら、自分でやり方や環境を変えるしかありません。

今日の自分にできないことは、明日の自分にもできません。どこかで歯を食いしばって遅延の連鎖を食い止めなければ、いつまでたっても先送り癖はなくなりません。

一気にスキルが高くなって仕事がすぐに終わるなんて夢みたいな話はないし、上司が助けてくれるなんていつまで言えるでしょうか。自分の仕事は自分で責任を持ってやらなくてはいけません。

言い訳しないと決める。これもルールにすれば、あとは従うだけです。

2章

うまくいく人は「ノート」を使わない

Point 11

メモを取るなら「A4コピー用紙」で十分

管理するものを減らすと効率が上がります。

これまでノートパソコン、iPad、iPad mini、iPhone、Kindleと数多くの電子機器を手にしてきましたが、今ではノートパソコンとiPhoneとKindleのみです。

複数の機器を管理すると、それだけ手間がかかります。複数の機器を扱っているという満足感はあっても、手間がかかった分だけ効率が上がったかというと、そうでもありません。

「それであれば」と、なくてもいいものは潔くすべて処分。ノートパソコンとiPhoneとKindleだけが手元に残りました。**管理するものが減るとスッキリ**します。

私は10年以上前からノートを使っていません。ノートはページ数に限りがあるので、案件が増えると冊数も増え、管理するものが増えていきます。

以前、『ｖｏｌ．１００』と書かれたノートを持っている人がいました。１００冊目ということは、過去のノートはどうしているんだろう。番号順に並べて管理しているのか、山積みにしているのか。１００冊のノートは有効に使われているのだろうか。人ごとながら気になって仕方がありませんでした。

私はノートを使わないだけでメモは取ります。お客さまとの打ち合わせでメモを取るときは、**A4のコピー用紙**を使っています。Ａ４サイズのクリップボードにコピー用紙を10枚くらい挟んだものを持ち歩いています。

クリップボードにコピー用紙を挟んでメモを取る

Ａ４のコピー用紙だけだとバラバラになったり折れたりするのでクリップボードに挟むようにしたところ、これが快適で持ち運びも楽です。

クリップボードは手軽なものから革製品まで、豊富な品ぞろえです。私は仕事の場にふさわしい素材を意識して、表紙がついたタイプの革製品を使用しています。これだと紙を挟み込むことになるので、移動中に折れたり、鞄の中で汚れたりしません。

ノートを使わなくてもうまくいく理由

「Ａ４のコピー用紙」という結論に至るまでは紙のノートを使っていました。

ノートは、情報を書くのにはいいですが、書いた中から**必要な情報を探すのには不便**。しかも、書いた情報がすべて必要なわけではなく、**残す必要のない情報が大半**であることも。

実際にノートを見返してみると、話の整理のために取ったものが半分くらい、今後のＴＯＤＯにつながるものが３割、必要になるかもしれないと念のために書いたもののが2割くらいを占めていたこともあります。

必要な情報と不要な情報が混在しているノートを開き、その中から必要な情報を探すには、ペラペラとページをめくって文字を目で追う。さまざまな文字が目に入り、気が散りながら探す。

「あれ、書いていない」と別のノートに手を伸ばす。表紙からペラペラペラペラとめくる。この動作にストレスを感じていました。

余白ページが残っている限り、使いかけのノートを持ち歩くことになります。目の前の打ち合わせに必要ないものも書いてある。今、関係のないものを持ち歩くことにもストレスを感じていました。

このような状態を打破するために、ノートに書いたけれど残す必要のない箇所には大きく「×」を書いてみました。読まなくていい箇所には「×」をつける。

するとなんと「×」だらけ。「×」ばかりが目に入ると読んでいて気持ちがいいものではありません。しかも、必要な箇所がどこだかわからない、という問題が発覚。

「×」と書いても元の情報は目に入り、それがノイズとなって気になります。「あぁ、これは×なのね」と読んでしまうのです。かといって、文字が読めなくなるくらい黒く塗りつぶすのも時間がかかる上、黒ペンを大量消費しそうです。「消すくらいなら書かなければいい」という心の声が聞こえてきます。

✚裏紙は使わない

このような経緯でノートをやめた私は、Ａ４のコピー用紙によるメモ術に行き着きました。

コピー用紙なら、**いつも真っさらな状態でスタート**できます。

打ち合わせのたびに10枚くらい用意して、１枚目に日付と相手の名前を書き、メモを取る。文字を書いても、図を書いてもいい。書き方は自由。書きたいことが多ければ紙を追加すればいいし、不要になったら1枚ずつ処分すればいい。案件ごとにまとめるのにも適しています。

Ａ４のコピー用紙は毎回、新しいものを使います。裏紙は使いません。印刷されているのが裏に透けて見えると気になります。これがノイズとなって思考が飛び、ほんの数秒であっても思考が飛べば集中力は切れてしまいます。集中力が切れるような要素はすべて排除します。

それに、Ａ４のコピー用紙に図を描いて説明すると、お客さまから「その用紙をいただけませんか」と言われることがあります。

差し上げるのは問題ないのですが、裏紙を渡すのは格好が悪いし、社外秘の情報が書いてあったら渡せません。そのため都度、コピーをとって渡していたこともありました。出先であればコンビニまで行ってコピーをとることも。新しい用紙を使っていれば、そうした手間はかかりません。

真っさらなコピー用紙でメモを取るのは「エコではない」と抵抗を感じても、効率を考えれば真っさらな紙のほうが無駄はないし、情報処理のスピードを上げたほうが最終的にはエコにつながるのではないでしょうか。

Point 12

要らないメモは、すぐ捨てる

Ａ４のコピー用紙に書いたメモは、その日のうちに「要る」「要らない」を判断します。書いた用紙をクリップボードに挟んだままにはしません。

時間がたつと何のことを書いているのか、何が重要か、わからなくなります。その都度、内容を確認していては時間がかかります。だから、記憶が鮮明なうちに整理します。

「メモを取る」とは、**書いて用紙を整理するまでが一連の流れ**です。

メモに限らず、書類などの紙をデスクの上に山積みにして「後で整理しよう」「いつか使うかも」なんて後回しにするとゴミが増えるだけ。

メモを取り終わったら、その流れで［処分］［データ化］［念のため保管］［保管］の４種類に分類します。

［処分］……専門企業に依頼

後で使う可能性がないものは、すぐに処分します。

重要なことを書いた用紙はゴミ箱に捨てるわけにはいきません。シュレッダーにかけてもいいのですが、1枚につき数秒だとしても、費やした時間を計算すると予想を遥かに超えます。

弊社では**機密文書リサイクルサービス**（段ボール箱ごとシュレッダーにかけて、再生紙として利用するサービス）を導入しています。機密文書を専用の箱に入れ、たまったら回収してもらいます。処分コストは、ひと箱1000円から2000円くらいが主流ですが、自分でシュレッダーにかける労力を考えたら安いもの。

起業した当初は、シュレッダーしか私の頭にはありませんでした。不要な資料がたまったらアルバイトを雇い、シュレッダーで書類を処分するよう依頼していました。黙々と2時間から3時間ひたすらシュレッダーをかけるだけの作業ですから、アルバイトの人も楽しそうではありません。アルバイトを募集する。作業内容を指示する、チェックする。ここにも自分の時間を使います。

専門企業に依頼をしたほうが安くなるケースがほとんどです。何でも自分でやろうとせず、できる人に頼んだほうが効率もよいことを実感しています。

[データ化] ……テキストエディタを活用

一元管理している媒体があるなら、そこに必要な情報を入力します。

私は、ビジネスメール研修を行なうに際し、打ち合わせでメモを取ったら、その日のうちに研修内容や日程、休憩の有無、対象者や人数、金額、受講者の課題や研修の目的などを**パソコンのメモ帳（テキストエディタ）にまとめて入力**します。打ち合わせの席での雑談で気になったことなども入力。最新情報が入ったらデータを更新。研修直前には、最終版データを確認して登壇しています。

打ち合わせでのメモには残す必要がない情報もあります。それらを研修の直前に見ると混乱します。必要なときに、必要な情報だけにたどり着けるようにしておきます。

［念のため保管］……メモ用紙をスキャン

捨てるのは迷うけれど使う可能性が低い。そんなときはメモ用紙を**スキャンしてデータ化**しておきます。スキャンした用紙は、すぐに処分。手元に残しませんん。必要になったらデータを印刷すればいいので「いつか使うかも」「もし必要になったらどうしよう」という不安は解消されます。

［保管］……メモ用紙はクリアファイルで保管

データ化する必要はないけれど保管しておきたいメモ用紙は、すべてクリアファイルに入れています。研修の打ち合わせでメモ用紙に図を描いたときなど

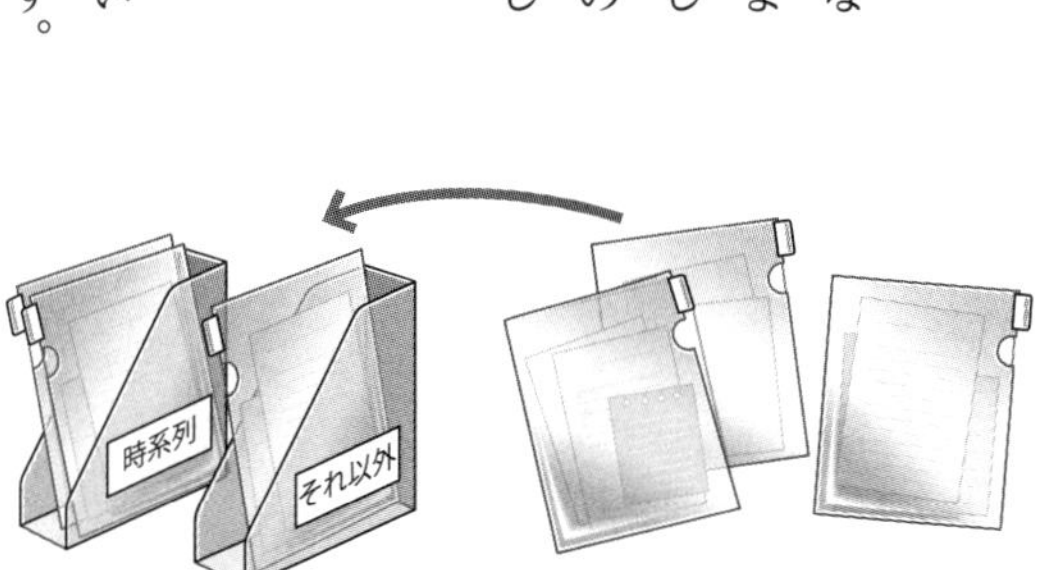

メモ用紙をクリアファイルに入れたら、「時系列（日時が決まっているもの）」と「それ以外（日時が決まっていないもの）」に振り分ける

は、そのまま保管しています。

クリアファイルは透明なものを使用。透明ならば、いちいち取り出さなくても中身を確認しやすいからです。

たまにノベルティで全面に色のついたものをいただくことがありますが、中が見えないので一切使いません。不透明なクリアファイルは即ゴミ箱行きです。

一つの案件につき一つのクリアファイルと決めています。異なる案件のメモを一つのクリアファイルに入れると、必要なメモを取り出しにくくなるからです。

クリアファイルは「時系列（日時が決まっているもの）」「それ以外（日時が決まっていないもの）」の二つのエリアに分けてファイルスタンドに並べて管理します。

Point 13

クリアファイルは、つねにアップデート

追加の情報を得たら、すぐさまクリアファイルに入れます。

研修会場を教えてもらったら、地図をすぐに印刷してクリアファイルに入れる。入館証を送ってもらったら、それも印刷してクリアファイルへ。ホテルを予約したら、地図をすぐに印刷してクリアファイルへ入れます。飛行機のチケットをとったら、スマホに二次元バーコードを登録。

こうして**つねにアップデート**をしてクリアファイルの中身は最新の状態にしておきます。

直前になって準備したり、探したりするのは時間の無駄。情報が集まった段階で、紙で持っておきたいものは印刷して保管する。これだけでいいのです。「手が空いたら印刷しよう」と後回しにせず、一連の流れの延長線上で印刷までしてしまう。

一説によると、人は年間100時間以上、探し物をしているそうです。探している時間が、たった数分であったとしても、繰り返せば数日分になります。

情報を得た瞬間に準備するのと、後で準備するのでは、どちらのほうが効率がよいかは明白です。

すべての準備を発生した瞬間に行ない、つねにクリアファイルを最新の状態にしておけば、出張の前日に該当するクリアファイルを手に取って鞄に入れるだけで準備完了。不安なときは軽く中身に目を通しても、かかるのは1分程度。

出張の直前になって、チケットを印刷したり、ホテルを調べたり、交通経路を調べたり、案件の詳細を確認したりすることは一切ありません。

同じ行動を何度もたどるのは非効率です。

✣案件が終わったら、すぐに処理

案件が終わったら、クリアファイルから資料を抜き出して、そのまま機密文書リサイクルボックスへ。出張から帰ってきたら、クリアファイルをデスクの上にいったん置くこともせず、**すぐに処理**します。

デスクの上に置くと、処分するまでに間が空き「これは処分してもいいのか」を判断しなくてはならなくなります。その判断をしないためにも、処分するまでを流れ作業にしてしまうのです。

そうした流れ作業が習慣になるとエラーも減り、さらに無駄がなくなります。

まれにクリアファイルに入っている資料を、また使うことがあります。その資料を使って振り返りをしたり、再度打ち合わせをしたりするようなケースです。

その場合は、必要な資料だけを残してクリアファイルをファイルスタンドに戻します。資料を使う可能性が低いけど不安な場合も同様です。

そして、2カ月から3カ月に1回、すべてのクリアファイルのタイトルに目を通して要らないものを処分します。

使うと捨てるはワンセット。つねに手元にあるものは必要最小限にします。

Point 14

「ストックスペース」を増やさない

ものが増えるとストックスペースが増えます。ストックスペースが増えると、さらにものが増えます。大きな家に引っ越したら、ものが増えるのと同じ原理です。

ストックスペースを制限すると管理するものが減ります。

私は年間400冊の書籍を読みます。ジャンルは、マーケティング、起業論、ITなどビジネス書が中心で、気分転換に小説を読むこともあります。半分が紙の本ですから、単純計算で年間200冊も増えますが、本の総数は一定を保っています。

書籍が増えたら、もう読まない本を処分して入れ替えたり、読んだばかりのお薦め本は知り合いに差し上げたり。とにかく手元にある書籍を減らすように努めています。

本棚に1000冊以上の本がある会社も多いでしょう。

1年に1回も開かない本はどのくらいありますか。おそらく全体の7割から8割くらいあるのではないでしょうか。

書籍を保管する目的は、いつでも見られるように、資料としての価値が高いからなどさまざまでしょうが、書籍が増えると探す時間がかかります。

探す対象は少ないほうが見つけやすくなります。ベストセラーなど市場にたくさん出回っている書籍は、Ａｍａｚｏｎやメルカリなら３００円程度で売られていることが多いので、手元に置かず必要になったら買い直してもいいでしょう。

Point 15

参考資料は手元に残さない

情報のストックは無意識にやっています。

「いつか使うかもしれない」と考えてしまうのです。

以前、セミナーのチラシを大量に集めていた時期があります。自分がセミナーを開催するときに、そのチラシを参考にしたかったのですが、すべて処分しました。

インターネットで検索すると参考になりそうなものが、たくさん見つかります。試しにＧｏｏｇｌｅで「セミナーチラシ filetype:PDF」と検索すると70万件以上も出てきます。インターネットで検索して見つかるなら、手元に置く必要はありません。

情報を**ストックするなら使うことが大前提**です。

私は講師としてデビューしたての頃、参考にしたくて主催者に頼み込み、他の講師の資料を印刷してもらったことがありました。

資料を参考にして自分の講師レベルを上げようともくろんでいたのですが、次に資料を見たのは5年後。5年もたてば情報は古くなっているので活用できるレベルではありません。そのまま機密文書リサイクルボックスに直行です。

このように「いつか使うかも」というものは保管すべきではありません。

今、使う予定がないものは、未来もおそらく使いません。

使わないもののストックはゴミの収集と同じ

セミナーの資料なども見返さないならば、すぐに処分したほうがいい。私はセミナーを聴講したら、その場でTODOリストを作ってやることを決め、セミナー資料は当日のうちに処分します。

時間管理をテーマにしたセミナーで講演するときは「今日の資料は、やるべきことだけ抜き出したら捨ててくださいね」と伝えるようにしています。すると参加者の多くがビックリしますが、私は本気です。

一度聞いたセミナーの資料を何度も見返す人がいれば、一度も見返さない人もいます。私は後者です。意外と見返さない人が多いのではないでしょうか。

そういう人でも資料を大事に取っておくのです。捨てたら、もったいないと思うのかもしれませんね。

でも、使わないものをストックしているのはゴミの収集と同じです。やるべきことを見つけて行動したら資料の役目は終わり。

資料を手元に置くことが目的になると、不要な資料がたまります。資料が手元にあることで、まるで資料に書いてあることが、すべて身についたかのように錯覚してしまうこともあります。

でも、行動しなければ身につきません。**行動できたら資料は要りません。**

捨てる癖をつけないと、不要なものに囲まれて身動きがとれなくなります。仕事のしやすい環境を手に入れることができません。

使わない資料を保管する癖をやめましょう。

Point 16

使わない書類は、迷わず捨てる

仕事中に目当ての書類を探す場面を想定してください。

目の前に書類が50枚あるのと100枚あるのでは、どちらが早く見つかるでしょうか。明らかに書類が少ないほうが探しやすいはず。

年間に探し物をする時間は、前述したとおり100時間以上あります。書類を探す、メールを探す、資料を探す、ファイルを探す。さらに、交通経路を調べる、やり方を調べる。

こういった**「探す」「調べる」時間を少しでも削るべき**です。

まずは目の前の書類を減らしましょう。

私は、電話をかけて相手に取り次いでもらう間やパソコンを起動させる間など、ちょっとした隙間時間に書類を捨てています。

この隙間時間の活用も時間短縮に有効です。何もせずに、ぼーっとしているのは、もったいない。後でやることも今できれば今やってしまう。

✚ 名刺を保管するよりメールを送る

名刺も古いものは捨てるようにしています。

4年から5年くらいたつと、会社名や所属が変わっていたり、事務所を移転していたり、連絡先が変わっていたりする可能性もあります。

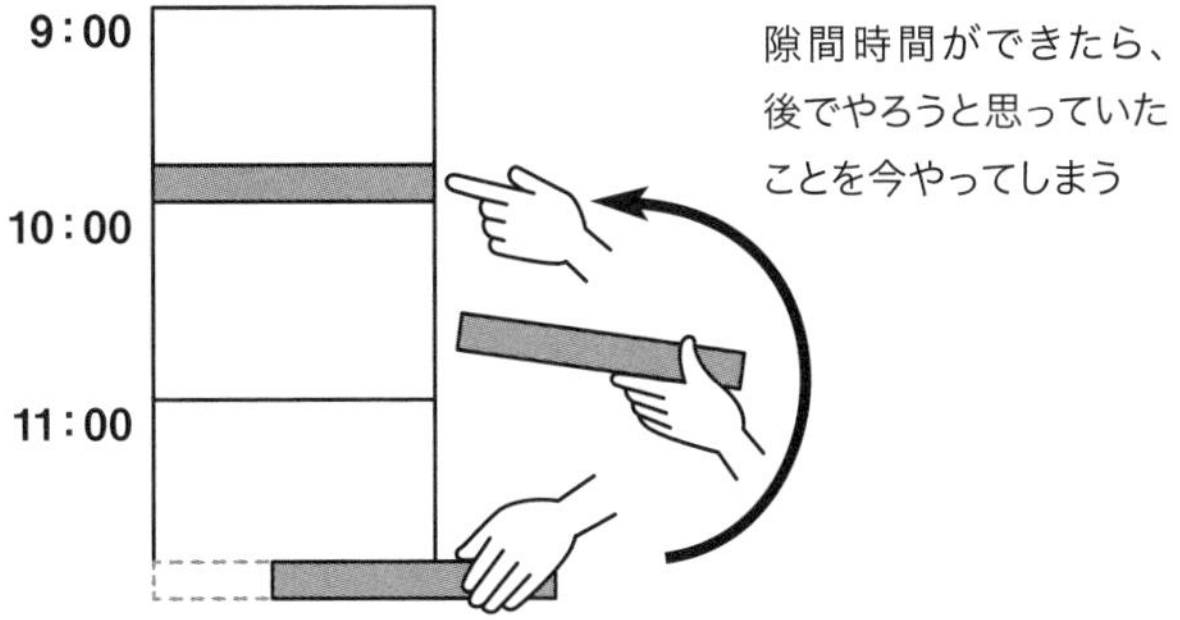
9:00
10:00
11:00
隙間時間ができたら、
後でやろうと思っていた
ことを今やってしまう

私は名刺交換をした後、連絡を取る可能性がある人にはメールを送っています。面談後のお礼メールなどが、その代表格。通常、メールを送ると返事が来ます。そこには署名がついていて、名刺と同程度の情報が書いてあります。

連絡を取りたくなったら、メールを検索して**署名を確認すればいい**。だからこそ、メールの署名はしっかりつけて、連絡を取る可能性がある方にはメールを送っておくことを習慣にしています。

このような仕事の進め方をしているので、名刺は年に一度まとめて処分しています。有名人の名刺を記念にと大事に持っていても使わなければ場所をとるだけです。

処分する前に名刺の内容をリストにまとめてデータ化することもあります。その一例が、取材をしてくださった方の名刺です。書籍がでるたびに主要媒体には献本していて、郵送する際、住所などの宛先がリストになっていると便利だからです。このような場合に限りデータ化しています。

年賀状は要らない

賛否両論ありますが、受け取った年賀状もまとめて処分しています。中でも絵柄や挨拶文が印刷されただけのコメントが書いていない年賀状は、読んだ段階で「形式的な挨拶」という役割を果たしているので1月中に処分します。

移転の葉書なども同様です。お祝いの花を手配したり、登録データを変更したりしたら処分します。案内の葉書は見返すことがありません。

毎月送っていただいているニュースレター（各企業の新聞のようなもの）も目を通したら処分しています。雑誌も同様です。

ストックスペースは限りがあるので、すべてを保管することはできません。必要であれば適した方法で管理すればいい。

処分することに罪悪感を抱く必要はありません。

✚デスクトップにファイルを置かない

パソコンの画面一杯にアイコンが並んでいる様子を見たことがありませんか。アイコンの多さや並びは、**その人の頭の中を反映しているる**ように思います。数も少なく整然としていれば、その人は頭脳明晰で効率を重んじる傾向があります。一方、デスクトップの半分以上をアイコンが占めていれば、その人の頭の中が混沌としている可能性があります。実際、効率を考えずに仕事をしていることが多いようです。

多くのものの中から必要なものを探し出せる、と本人は言います。しかし、探すたびに集中力が消費されていきます。それは本人が気づかないうちにストレスとしてたまっていきます。

デスクトップに作業中のファイルを置くことがありますが、作業が終わったら、すぐに処分。削除してゴミ箱行きか、所定のフォルダに移動させるべき。

デスクの上を綺麗にしておくと作業効率が上がるのと同じで、**不要なファイルは目につかないようにする**のが鉄則です。

私は、ファイルを削除するのが不安なとき、念のために取っておきたいものは「とりあえず保管」「ゴミ箱（仮）」のようなフォルダを作って、その中に放り込んでいます。最近はファイルの検索スピードも向上しているので、以前のように検索対象を意識的に減らす必要がなくなっています。無理して削除する必要もありません。

ただし、保管をするなら目につかないところに追いやります。間違ってもデスクトップや、よく使うフォルダの中には置かないようにします。

デスクトップのファイル、デスクの上の書類など、目につくものはすべてノイズになります。そのノイズがトリガーとなって寄り道をするかもしれません。

「あ！　この動画見ておかないと」

「このＰＤＦって何だったかなぁ」

「この資料いつのだろう?」

寄り道のきっかけになるようなものは視界に入れない。使ったものを出しっぱなしにしない。

それはデスクトップのファイルも同じです。作業が終わったらファイルの仕分けまでしてしまう。要らないものは削除する。目につくものを一つでも減らす。

仕事にブレーキをかけるノイズ情報を撲滅しましょう。

Point 17

「ウィルパワー」の無駄遣いをしない

人は、何かを決定するごとに**ウィルパワー(意志力)**を消費します。

これは小さな決断であっても、大きな決断であっても同じこと。

「今日はどんな服を着ようかな」
「どの道で会社に行こうかな」
「部下をどう指導しようかな」
「どこに発注しようかな」
「この案件は断るべきだろうか」

毎日、決断の連続です。

何かを考え、決断するとウィルパワーが消費されます。朝は満タンだったウィルパワーが決断をするたびに消費され、夕方には空っぽに。そうなると、簡単な判断さえできなかったり、判断を誤ったり、その状態にストレスを覚えたりします。

じつは、ウィルパワーの存在を知ってから、夜遅い時間に仕事をするのをやめました。夕方になると判断力が落ちてきているのが自分でもわかります。単純作業ならまだしも、重大な意思決定を夜にすると誤る可能性が高まります。

そのため、**重大な意思決定は午前中にする**と決めています。

日常生活の「選択」も自分でしないようにしているのには、この「ウィルパワー」が密接に関連しています。

有名経営者には、いつも同じ服装をしている人がいます。もちろん「記憶に残す」という意図もありますが、それ以上に「仕事の意思決定に力を使いたいからウィルパワーを温存している」と考えたほうがよいでしょう。

売り上げを左右するような重大な決断でウィルパワーを使いたいから、身の回りの小さなことでは使わない。私が靴下をユニクロの黒一種類にしたのも、同じパソコンばかり買うのも、ここに秘密があります。**決定しないことを決定した**のです。

逆に「悩むことが趣味」な人は心ゆくまで悩んでください。たくさん悩んで結論を出すことが自分のモチベーションにつながったり、快楽につながったりする人もいるでしょう。人に決めてもらったり、即決したりすると「もっといいものがあったのでは？」と後悔する人もいるようです。

私は自分にこだわりがあるジャンルは徹底して検討しますが、それ以外は完全に人に委ねるようにしています。

✤何を自分で決め、何を人に委ねるべきか

何を自分で決めるべきか。何を人に委ねるべきか。

この線引きやルールを決めておくとストレスから解放されます。

1章で「ルールを決める」という話を書きましたが、ルールさえ作っておけば、後はルーチンで回せるようになります。

毎回考えたり、悩んだり、判断したりするのは、時間が奪われるだけでなく、ウィルパワーが消費されることのほうが問題です。

「仕事は時間をかけた分だけ成果につながる」と考えていたときもありました。

残業したり、徹夜をしたり、土日出勤をしたり。それが自分の将来のためにもなるし、会社のためにもなると思っていました。

でも、頑張れば頑張るほどウィルパワーは消費します。ウィルパワーが空っぽにな

れば、頑張れなくなります。残業したのに仕事が思ったほど捗《はかど》っていないのは、そのせいです。

そんなときは、とっとと帰って、すぐに寝る。そして、ウィルパワーを回復させる。それが一番です。

仕事の成果は時間に比例しません。**成果を左右するのはウィルパワーの使い方**なのです。

考える対象を減らす、手順を決める、仕組みで回す、思い出さない、不要なものは忘れる。そうしたすべてがウィルパワーを温存することにつながります。

3
章

うまくいく人は「優先順位」をつけない

Point 18

「優先順位」が要らぬ混乱を生む

優先順位という言葉が好きな人は多いようです。

「優先順位をつけて作業をしろ」
「優先順位をつけてアプローチをしろ」

一見正しいように思います。

でも、優先順位をつけることは果たして必要なのでしょうか。

私は、ものごとに優先順位をつけるのではなく**「やるべきことはすべて期限内にやればいい」**と考えています。優先順位をつけるという行為が脳に負荷をかけています。

AとBだったら、どちらの優先順位が高いだろう。では、BとCだったら。このように、それぞれを比較することで脳が疲労します。

何度もお話ししているとおり、**効率よく仕事をするには考えないことが重要**です。楽に仕事をこなす道を選びましょう。二つや三つの仕事を比較するなら簡単ですが、実際に今やるべき仕事は大小あわせて100を超えるのではないでしょうか。

目の前にある100の仕事に優先順位をつけて、厳密に並び替えることはできるでしょう。しかし、大まかな優先順位をつけるならまだしも、正確につけようとしたら一日かかるかもしれません。その間にいくつの仕事がこなせたことか。

私の場合、目の前に100の仕事があったら、それぞれの期限だけを見て処理します。そして「今、処理できる」と思ったら期限に関係なく、すぐに取り組むようにしています。

メールを1通送る、電話を1本かける、地図を印刷するなど、ちょっとした時間でできるものは優先順位を考えず、すぐ行ない、仕事を一つでも減らすようにします。

業務の数が多いと判断が鈍ります。そうならないように目の前の仕事を一つでも減らすべきです。

メールを例にすると、わかりやすいかもしれません。

私が朝、出社すると100通くらいメールが届いています。「どのメールから開封しようか」なんて考えません。目についたメールをかたっぱしから処理します。すぐに処理できるものは1分以内で処理。それ以上かかるものは後回し。経験上、100通のメールは1時間もあれば10通くらいにまで減らせます。残りは仕事の合間に処理するだけ。

すべての仕事に優先順位をつけていたら数時間で、くたくたになってしまいます。優先順位をつける時間があったら、すぐに処理したほうが早く終わることもあります。

「やる」か「やらない」か

私がタスクの分類をするときは「やる」か「やらない」か、それだけを決めます。**やると決めたら「やる」、やる必要がないと判断したら「やらない」**と決めます。「時間がないからやらない」というのは、あり得ません。時間がなくてもやる必要があれば、やらなければいけません。

やると決めたら、やる。やらないと決めたら、やらない。この潔さが大事です。やると決めたのにできなければ、それがストレスになりますし、周囲の信頼も失います。だから、やると決めたことは必ずやり遂げる。やらないと決めたことには意識を向けない。やるべきことに集中するようにしています。

「期限」と「質」を考える

やると決めたら、期限と質を考えて仕事をします。

「いつまでに(期限)」「どのレベルで仕上げるか(質)」だけを考える。ここに「優先順位」という概念は入れません。

仕事の**評価は「期限」と「質」で決まる**と考えています。自分の裁量に任され、作業して、優先順位をとやかく言われたなら、設定した期限に問題があります。

期限重視の考えが腹に落ちれば、優先順位にこだわらなくなります。やると決めたら、すべてを期限内に行なう。これだけでいいのです。

Point 19

「過剰品質」は自己満足でしかない

「期限」と同じくらい重要なのが「質」です。

求められている質がわからなければ、低い質でアウトプットすることにもなりかねません。質が高くなりすぎて、時間が過剰にかかることもあります。

だからこそ、仕事に取り組むときは、相手が求めている質を把握するところからスタート。それがわかれば、投下すべき時間も予測できます。

質と投下時間はトレードオフの関係です。

この絶妙なバランスを取ることが時間効率にもつながります。相手が80点を求めているなら、80点から85点くらいを目指す。100点でなくていい。

質は高ければ高いほどいい、と思いがちな人は「質」の罠にはまっています。完璧主義の人に、この傾向があるのかもしれません。

質を高めるには時間がかかります。

時間をかければかけるほど質は高くなるけれど、際限なく続いたら期限を守れません。**求められている以上の質にする時間があるなら他の作業をしてほしい**、と言われるでしょう。

仕事は、質と投下時間のバランスで成り立っています。どちらが度を越しても問題があります。80点でいいのに100点を目指して作業をするのは本来間違っているのです。極論に聞こえるかもしれませんが、過剰品質の人は相手が求めている合格点を1点上回るところまで質を下げるべきなのです。

たとえば、パワーポイントで作った資料のタイトルが1ピクセルずれていたとします。これをすべてチェックして細かく直せば、確かに見栄えもいいし、安心感もあるし、気持ちもいい。

しかし、全部をチェックするのに4時間かけていたとしたら、どうでしょう。それだけの時間をかけて微調整することが本当に求められているでしょうか。

夢中になると時間はあっという間に過ぎます。細かいところまで意識を向けることは悪いことではないけれど、私はこういった余計な質のことを「**過剰品質**」と呼んでいます。

人の命に関わるものだったら「過剰品質」と言われても高いレベルを目指すべきでしょう。

しかし、それ以外のものは**合格点プラス1点から5点を目指せばよい**、と考えています。

自分では85点だと思って出しても、相手が80点だと評価するかもしれません。だから求められている基準より、ちょっとだけ高めの点数で出すのです。

相手の求めているものがわかってきたら、自分と相手の評価の差がなくなるように努めます。これによって、かける時間も減らすことができます。

Point 20

まず「合格点は何点か」を知ろう

相手の求めている質がわからないなら、それを聞き出すのも、こちらの仕事。

部下の仕事が過剰品質に陥っていたら「もうちょっと質を下げていいよ」と具体的に指示をするのも上司の役割です。

仕事の現場では「過剰品質」が横行しているように思います。

過剰品質がなくなれば残業が減る、という会社も多いのではないでしょうか。


過剰品質は自己満足から生まれます。

見ているのは依頼者ではなく自分。場合によっては蛇足といえるかもしれません。

求められている質にさえ到達すればいい。求められている以上の質は要らないのです。

この原稿は私が書いていますが、途中でスタッフにも見てもらい、編集者にも見てもらいます。細かい誤字脱字の修正や表記の統一などは校正者に任せています。

私の仕事は良質なコンテンツをアウトプットすること。先ほどの数字でいうなら、90点の原稿を作るのが私に求められていること。その原稿を、出版にかかわる制作から販売担当まで多くのみなさんの手により100点の本にする。そのくらいのバランスで考えています。

けっして手を抜いているわけではありません。それぞれ役割があるわけです。他者がやるべき仕事にまで介入してしまうのは、過剰品質になると考えています。

多くの人が、自分のこだわりを持って仕事をしています。自分が得意なこと、気になることは、どうしても過剰品質になってしまいがちです。

でも、過剰品質な仕事は、合理的な判断のできる相手に喜んでもらえません。質の高いものを生み出しても「無駄がある」と判断されます。それであれば、質を高める時間とスキルは評価される形で使いたいもの。

過剰品質になりがちな人は、投下時間を決めて、それ以上はやらないようにしましょう。**ときには質を落とす勇気も必要**です。

Point 21

「なぜか期限を守れない」本当の理由

期限に対して、普段どのくらい意識をしていますか。

そんな私も社会に出た頃は、期限に対する認識も甘く、期限を越えるのは日常茶飯事でした。期限の直前になって慌てたり、依頼するのが遅れたり、期限を越えてお詫びをしたり。すべての仕事が後手に回っていたように思います。

もちろん「いつまでにやろう」と自分で期限を決めて「いつまでにやりなさい」と言われたものは期限を必ず設定していましたが、心の奥底に、こんな気持ちがありました。

「まあ、ちょっとくらい遅れても、なんとかなるだろう」

「先輩もスケジュールを崩すことがあるし」

「こんなに忙しいんだから無理だ」

「機械じゃないんだから抜けがあってもしょうがない」


今、思うと、ダメ社員の典型です。

期限を越えてもトラブルにならなかった経験があると「今回も大丈夫だろう」「相手はバッファ（余裕）を持っているはず」と都合よく考えて、期限を安易に越えるようになります。

いつでも「まあ1日くらい大丈夫だろう」と思ってしまうわけです。これを繰り返していると期限に甘くなり「2日くらい、いいだろう」「3日くらい、いいだろう」と後ろ倒しにしていきます。

この「まあ1日くらい」という思考が命取りになるのです。

期限を越えたものが、たくさんあると「どうしよう」と気にはなるのでストレスになります。いつでも時間に追われているような感覚になります。

すると、どうなるか。「忙しい」「時間がない」この二つが口癖になるのです。

期限を守らないと次のような行動が必要になります。

・お詫びする
・各方面に説明する
・他のスケジュールが遅れるので調整する

火消しのための時間は、1週間の中で1時間くらいあるかもしれません。1年間で50時間程度。つまり、5日から6日分の仕事を増やしているとも考えられます。

その時間は、**本来であれば必要のない時間**です。期限さえ守っていたら、しなくていいことばかり。

そうならないように、何よりも期限は守る。直前に慌てないように、予定を組んで進める。

さらに、仕事のボリュームには波があります。

だから、手が空いているときに先の仕事をやる。「期限だから今日やる」のではなく「期限ぎりぎりにならないように前倒しする」という思考に変えるべきです。

Point 22
期限がないものは、仕事ではない！

私はつねづね「期限がないものは仕事ではない」と言い続けています。どんな仕事であっても期限を切ることが重要です。

私の会社では、社員に日報をメールで出してもらっています。「今日やったこと」「明日やること」「それ以降にやること」の3区分にまとめてもらっています。今日の実績、明日のTODO、それ以降の備忘録のようなイメージです。

毎日メールで日報を受け取っていると、変化しない項目があることに気づきます。「それ以降にやること」に数週間残っているものがある。そんなときは「これって、いつまでにやるんですか？」と聞きます。すると「じゃあ、今週対応します」となる。

つまり、期限を設定していないのです。

備忘録として書き留めているものは本人の中で「仕事」として認識されていません。

このことに気づいていない人は多いようです。備忘録として残すときも「○月○日まで」と明確な期限を記載すべきです。


「手が空いたらやろう」と思っていても、つねに新しい仕事が発生します。その都度、後回しになっていき、いつまでたっても着手できない、ということも珍しくありません。

だから**「いつまでに」という期限を必ず決める**。第三者が見ても納得できる期限、ぶれない期限を決めます。

7月19日（水）18時という期限であれば、誰が見ても明らかです。でも「できるだけ早く」「手が空いたら」のような表現は期限とはいえません。

「いつまでに」が明確でないと後回しにしやすくなります。「忙しいからできない」「疲れたから明日やろう」と言い訳に走ってしまい、結局は何もできません。

「いつか」は期限ではない

「いつかやろう」と思っていたとしても期限を切らない限り、その「いつか」は永遠にやってきません。期限が設定された瞬間に、その人は「仕事」だと認識します。「いつか本を出す」「いつか起業する」のような抽象的な目標も避けたいところです。これだけでは、ただの願望であり、行動が約束されていません。夢をいくら書き連ねても実現できる可能性は低いでしょう。**実現したければ期限を切る。**

願望を抱いている状態が、その人にとってのコンフォートゾーンです。そこにいたら、プレッシャーがかかるわけでもなく、可能性に胸を弾ませていられるので気持ちがいいのです。実際に起業をしたら荒波にもまれます。それが嫌でコンフォートゾーンから出られない。そういう人は期限を切らない傾向があります。

本当に実現したいなら、期限を切る。そこから始まります。

Point
23
期限は「死線」と心得るべし

期限を守らないのは甘えでしかありませんが、期限を守らないことが、じつは自分の首を絞めることにもなります。

相手もバッファ（余裕）を持って依頼をしているだろうから、数時間ぐらい遅れても問題ない。

組織の中で、このような考えが蔓延すると、期限はあってないようなものになります。互いが期限を守らなくなり、その結果「お互いさま」という空気が生まれます。

「いつもお互いに遅れるからしょうがないよね」
「もちろんバッファってあるよね」
「本当の期限っていつですか」

こんな会話がなされたら危険です。期限という言葉の意味を理解できていません。裏に別の期限があると考えていたら、きりがありません。

私の場合、バッファは考えずに依頼するようにしています。ぎりぎりのラインを事情とともに伝えます。

「17時にいただいたら、その後に私がチェックする時間を1時間確保しています。18時には先方に提出しますので、時間厳守でお願いします」というように依頼をします。

もし、相手が遅れてきたら「私がなんとか調整はしてみますが、無理であれば、今回のお支払いはできなくなります」のように、相手にペナルティを科すこともあります。

もちろん、依頼は余裕を持って行ないます。十分に対応できる時間を考えつつ、本当のデッドラインを公開し、そのデッドラインを互いが守るような習慣をつくっていく。デッドラインは柔軟に動かせるものではありません。

「越えてはならない一線」の意味

「デッドライン」は私の中では「Ｄｅａｄ Ｌｉｎｅ」という英語でイメージしています。つまり**死線**。これを越えたら「殺される」というくらい、真剣に向き合わなければいけないラインです。

これを越えたら命が取られる。そう思って仕事をしている人は、どのくらいいるでしょうか。期限への認識が甘いがためにすべての仕事が遅れ、人に迷惑をかけ、自分の評価を落としている人は少なくありません。

私は研修講師として、今まで２０００回以上登壇しています。当然、遅刻はゼロ。おそらく講師業をしていて遅刻をした経験がある人は、ほぼいないのではないでしょうか。講演の開始時間に間に合わない（死線を越えた）ということが死活問題になると理解できているからです。

午前中に地方都市でセミナーがあれば前日から入りますし、都内の研修であっても開始1時間から1時間半前には現地に着くようにしています。電車が遅延しそうになったら、最悪、タクシーでも移動できるようにルートを押さえています。

研修なら遅刻しないのは当然。でも、会社に遅刻をした経験というのは、誰しも一度はあるのではないでしょうか。会社員時代の私も例外ではありません。

「ちょっとくらい遅れてもいいだろう」「たかが始業時間なんだから」「電車が遅れたからしょうがない」といった言い訳を探してしまうのです。

でも、よく考えてください。研修講師が「山手線が遅れていて」と言って10分の遅延証明書を持って研修会場に現れたら……受講者もあぜんとするでしょう。5分から10分程度の遅延証明書は行動の遅さを示すだけです。

電車遅延による遅刻は、1時間や2時間なら予見できない範囲なので仕方がないといえますが、**数分というのは予見できる範囲**です。

この電車に乗らないと間に合わない。この1本を逃したらアウト。そのような、ぎりぎりの行動をしているつけが回ったとも考えられます。

研修の開始時間も、始業時間も、書類の提出時間も、すべてがデッドラインだと考えて仕事をしましょう。

締め切りの日にスタートしてしまう癖を直す

「今日もなんとか期限を守れた」
「命は取られなかった」

デッドラインだけを見て仕事をすると、初動が遅くなり、疲れがたまっていくだけです。

たとえば「7月21日（金）までに見積もりをください」と言われたら、当日になって「今日が締め切りだからやらなくては」と動きだすことはありませんか。

これが「電話1本かければいい」「メール1通送ればいい」とたいして時間がかからないならいいですが「資料を作成する」「原稿を執筆する」「1時間から2時間くら

いはゆうにかかる」となると、1日の労働時間が8時間だとしたら2割程度の時間を占めることになります。

そこに、トラブル対応の仕事が割り込みで入ってきたら、どうなるでしょう。

仕事は、思ったとおりには進まないものです。人が関わるものですからコントロールできないものも多く、予定は否応なしに狂っていきます。

「こんなはずじゃなかったのに……」なんてことも。

それを避けるためにも「割り込みの仕事」に対応できるように、時間の余裕を持っておくべきです。

仕事は、自分一人でやっているものではありません。いろいろな人との関係で成り立っています。急な依頼や対応を求められることも少なくはないでしょう。

そんなときに「相手のせいで予定が狂った」なんて思っていませんか。そう思いたい気持ちはわかりますが、仕事である以上、そういう事態は予測できます。

予定どおりにいかない可能性もあることを、あらかじめ頭に入れて準備していれば、イライラしてストレスを感じることもありません。

仕事はパズルのようなもの。ピースをいつ埋めても構いません。期限直前に動くのではなく、前倒しして済ませ、突発的にピースを投げられたら落ち着いて埋める。

冷静に対処するためには、普段から余裕を持っておくことが大事です。

Point 24

つねに「賞賛ライン」で仕事をしよう

締め切りに追われたくなければ前倒しすればいい。

そこで、私が推奨しているのは「**賞賛ライン**」を設けて仕事をすることです。

この賞賛ラインは私の造語で、とても気に入っています。文字どおり、褒められる線のことです。褒められる、褒められない（普通）の境界線ともいえるでしょうか。

たとえば、金曜日の18時が資料の提出期限なら、水曜日の18時までに資料を作成して提出するスケジュールを組む。このように自分の中で期限を前倒しするのです。

相手が褒めてくれるライン、喜んでくれるライン、気持ちよく受け取ってもらえるライン。それが賞賛ラインです。

自分の都合ではなく、相手からの評価を基準にラインを引く。自分が**相手の立場にたったら、どう思うかを想像する**とラインは見えてきます。

すべての仕事を賞賛ラインで行なったら、どうなるか。考えただけでワクワクしませんか。

期限を前倒ししたからといって投下時間が変わるわけではありません。

今日やったら2時間かかるけど、期限ぎりぎりなら30分でできる。そんな人に私は出会ったことがありません。

作業は、いつやっても原則、同じ時間がかかると考えられます。かかる時間が同じなら、褒められたいと思いませんか。

私は、人が関わるすべての仕事に賞賛ラインを設定しています。
賞賛ラインは、案件によって異なります。
早すぎると手を抜いていると思われたり、暇なのかなと思われたり、忘れられたり。
早ければ早いほどいいというわけではないのです。

以前、研修資料を1カ月前倒しで提出したことがあります。
すると、相手の方は直前になって「資料まだですよね？」と催促をしてきました。
私が早く提出したばかりに、相手の方が見逃した（確認を後回しにした）ようです。
早く対応しても、このような問い合わせがくるのでは、かえって効率が悪いので、
ちょうどいいラインを見極めると「賞賛ライン」に落ち着きます。

デッドラインから何日前倒しすれば、一番喜んでもらえるか。**相手が最大の評価をしてくれる絶妙な賞賛ライン**を考えるのも仕事のうちです。
「賞賛ライン」で仕事をしていれば、予定はつねに前倒しになっています。期限当日に割り込みの仕事が入っても対応できるし、他の仕事に時間を使うこともできます。

自分を甘やかす癖がついている人は、賞賛ラインがデッドラインだと思って仕事をしてみてください。「これを越えたら怒られる」と考えて仕事をする。

気づけば、あなたの評価はうなぎ上りです。

Point 25

期限は「1秒でも過ぎたら」催促すべき

相手が忙しいこともわかっているし、自分だって忙しい。

そうなると、相手が期限を守らなかったときに許容してしまうことがあります。

相手が期限を守らなかったとき、あなたは、どのような行動をとっていますか。

「きっと相手の方も忙しいんだろう」

「今、頑張ってやっているはずだ」

「あと1日だけ待ってみよう」

こんな風に考えているとしたら、じつは危険な兆候です。

もし、催促をしなかったらどうなるか。

相手は「あれ？　期限だと言っていたけどバッファがあったのかぁ」「期限を過ぎてしまったけれど何も言ってこないから大丈夫そうだ」と思います。

こちらの善意が都合のいい解釈を生んでしまうのです。

これが続くと「どうせ期限といってもプラス1日の余裕があるんだろう」「○○さんの案件は、ちょっとくらい遅れても問題ない」となって、相手が期限を守らなくなります。

ひどい場合は「○○さんは期限が適当だから、催促されてからスタートしよう」なんて考える人もいそうです。

期限を守るのは仕事を進める上で最低限の条件。

しかし、よかれと思った配慮が、その前提を崩してしまうことがあります。

相手に期限を守ってもらうのに有効な方法、それは**「厳しい催促」**です。

1秒でも過ぎたら催促する。「厳しすぎるのでは」という意見もあると思いますが期限を認識してもらうには、これが一番です。

催促をされたほうも、期限を越えているから催促をされた以上、反論の余地がないし納得感があります。

期限を越えて、すぐに催促をすると「この人は時間に細かい人だ」という印象を与えることができます。催促をしなければ「この人は時間に細かくない」という印象がつきます。


中には「1時間くらい待ってあげよう」と思う人もいますが「バッファがあったのか」と思われる可能性があるので、間を空けずに催促したほうがいいです。

「自分だって遅れてしまうこともあるだろうから、催促せずにいよう（私が遅れたときは催促しないでね）」なんて思っているとしたら、自分を甘やかしている証拠です。

それでは、いつまでたっても時間管理はできないし、効率化も図れません。今、自分を甘やかしても、将来、つらくなるのは自分です。まずは自分から変わりましょう。

自分が時間を守って仕事をすることで、周囲の意識も変わります。

期限を守らない人には、どうする？

何度言っても期限を守ってくれない人がいるなら、期限を越える前に状況を確認するようにしましょう。相手を疑うのではなく、あくまでも進捗確認です。

「明日が提出期限ですが、進捗はいかがですか？」
「今、仕事が立て込んでいるようですが、間に合いそうですか？」
「何かサポートできることはありませんか？」

このように声をかけてあげてください。

社内に限らず、外部の方でも同様です。スケジュール管理が苦手だと、期限を完全に忘れていることもあります。

期限を越えて自分が困らないためにも、周りに期限を守ってもらえるようなコミュニケーションを取っていきましょう。

スケジュールを相手に守らせるのも、あなたの仕事です。

Point 26

「マルチタスクの罠」に陥っていませんか？

たくさんの仕事を抱え、複数の仕事を同時に動かしているとしたら、マルチタスクの罠にかかっているかもしれません。

複数の作業を同時にこなせる。二つの仕事を同時にやったほうが業務効率はいい。

そう考えていませんか。

でも、それは私に言わせれば完全な思い込みです。

人は、**意識を向けないとできないことは同時にこなせません。**

たとえば、講演の音声をｉＰｈｏｎｅで聞きながら、本棚にある本を五十音順に並べる。このような単純作業をやってみてください。

おそらく、本を真剣に並べ始めると、音声が聞こえてこなくなるはず。

逆に、講演の音声に集中しようとすると、本を順番に並べるのを苦痛に感じるはず。

試しに、この本を読みながら、夕食の献立を考えてください。目で文字を追っても頭に入ってこないでしょう。

私も、本を読んでいるときに周囲の話し声が聞こえ、それに意識が向いてしまい本の内容が頭に入らず、数ページめくっていたことがあります。

もちろん、無意識の活動と意識の活動は同時にできます。

私も歩きながら講演の音声を聞いたりします。

でも、それは意識しなくても歩けるから音声に集中できるだけ。これが難易度の高い車の運転などになると、事故を起こす可能性が高まります。

意識を向けなくてはいけない行動は一つしかできません。
つまり、厳密な意味でマルチタスクはできないのです。
人は「ワンシング」にしか集中できないという事実です。

二つのことを同時にこなしていると思っていても、じつは「A→B→A→B→A→B」とスイッチをして、一つのことを順にこなしているにすぎません。
「人は一つのことしかできない」というルールがわかっていれば、無駄な行動が減ります。

4章

うまくいく人は「手帳」を使わない

Point 27

私が「手帳を否定する」これだけの理由

ここから、いよいよ実際の仕事の管理について話を進めていきます。

あなたは今、何を使って日々のスケジュール管理をしていますか。紙の手帳だけ、もしくは紙の手帳とＧｏｏｇｌｅカレンダーなどのクラウドツールを併用している人も多いでしょう。

結論から言うと、**Ｇｏｏｇｌｅカレンダーなどのクラウドツールのみで管理をするのが一番**です。すべての情報を一元管理し、どこにいても情報をアップデート。さまざまな手法を試した結果が、これです。

手帳の欠点――①忘れる、紛失する

どうして手帳を使うべきではないのか。その体験から、お話ししましょう。

私も15年以上前は紙の手帳でスケジュールを管理していました。

しかし、置き忘れたり、持参するのを忘れたりすることが頻繁にありました。必要なときに手元にないとスケジュールを確認できません。

歯医者に行って、次の予約を入れようにも手帳を持っていないため、その場で予定が決められず、あらためてこちらから電話する、という二度手間が発生したことも数え切れません。GoogleカレンダーでⅠ元管理するようになってからは、iPhoneでつねに確認できるので、その場でスムーズに予定を入れられます。

手帳は携帯していても**紛失のリスク**がつねにつきまといます。もちろんiPhoneだって紛失のリスクはありますが、パスワードがかかっているだけ違います。

酔っ払って手帳をどこかに置き忘れてしまったら、どうでしょう。手帳には鍵がかかっていません。ぺらっと開けば、個人情報や機密情報がダダ漏れです。

私は社会人になりたての頃、手帳をなくしたことがあります。翌日には出てきましたが、その夜は生きた心地がしませんでした。

今、同じようなミスをしたら始末書だけでは許されない可能性が高い。お詫び文をウェブサイトに掲載して、顧客にお詫び状を出して……気が遠くなります。管理するものが増えれば、それだけミスも起こりやすくなる。手帳はウェブツールに比べるとセキュリティにも限界がある。さまざまな要素を考慮して、私は手帳を止めました。

手帳の欠点――②履歴を追えない

紙の手帳を否定する理由に「**検索性の低さ**」が挙げられます。

「去年のこの時期に○○があったと思うんだけど」と調べようにも手帳は目視するしかありません。ひたすらページをめくり、記憶を頼りに探す。記憶違いがあれば、そうやすやすと見つけることはできません。

一方、クラウドツールなら検索するだけ。すぐに見つけ出すことができます。インターネット検索と同じようなイメージです。

これからは検索して見つける。これが主流になるでしょう。検索することがわかっているなら、検索に使用するキーワードを使って予定を書き込めばいいだけです。

手帳の欠点――③コピーできない

手帳は、繰り返しの予定を入れるのに適していません。

毎週会議がある場合、手帳であれば毎回予定を手書きしますが、クラウドツールなら1回登録して「繰り返し」と設定すれば未来永劫同じ予定が登録されます。

仮に、毎週月曜日に営業会議があるとします。1年間で約50回、手帳に「営業会議」と書いているわけです。

「今から手帳に、営業会議って50回書いてください」と言われたら多くの人が「面倒だなぁ」「その都度書けばいいじゃないか」と嫌悪感を覚えるでしょう。子どもの頃にやった漢字の書き取りを思い出せば、辟易するでしょう。

でも、手帳に書くことは深く考えずに続けている。

よく考えてみてください。**実際には1年間に50回も同じ作業をしています**。分散しているから意識していませんが、それだけの時間を投下しているのです。

日単位で考えれば無駄があるようには見えませんが、1年に拡大して考えると無視できません。なんと5秒の記入が100回あれば500秒。つまり8分強の時間が無駄になっているのです。

手帳の欠点——④手帳選びに時間がかかる

手帳を使っている人は、1年に1回、新しい手帳を購入します。

年末になるたびに「次はどの手帳にしようかなぁ」と考えるわけです。それはそれで楽しいかもしれないけれど、手帳を選定することに時間を費やします。

昨年の反省を基に最新の手帳を選ぶ。モチベーションが上がりそうなものを選ぶ。

実際、そのモチベーションは、どのくらい継続するのでしょうか。工夫が凝らされた最新の手帳への関心も1週間しかもたなかった、という人を何人も知っています。

仮に「毎年、同じ手帳の最新バージョンにしよう」と決めているなら選ぶ手間もありませんが「今年はどれにしようかな」と振り出しに戻る人が大半です。

買いに行く時間（30分から1時間程度）が意味のある時間ならいいですが、**手帳を持つことに明確な理由がなければ不要な時間**であると感じています。

Point 28

それでも手帳を使いたい人へ

とはいえ、頑なにGoogleカレンダーを推奨するわけではありません。

手帳を使うのであれば、次のことを徹底してください。

① すべての予定を手帳に書き込む

「○○を考える」「移動時間」などの細かい業務もすべて書き込む。

自分とのアポイントメント（以下、アポ）もすべて書き込み、空白の時間は完全な空き時間だとわかるようにする。

予定は、移動や変更が発生することが前提のため、消せるボールペンで書く。

A4判くらいの大きさの見開きで1週間の予定が書ける手帳を推奨。そのくらいの大きさでないと字が小さくなって予定の管理が難しくなります。

② 一元管理

紙の手帳を使うと決めたら、他には何も書かずすべて手帳に集約。クラウドツールでの管理はしない。付箋などに書いていたものも手帳で一元管理。卓上カレンダーなどは使わない。

手帳はつねに肌身離さず持ち歩くくらいの覚悟が必要。併用が一番ミスを生みやすい。手帳を使うなら、ここまで徹底してください。

今まで、いろいろなビジネスの現場を見てきました。

職場によっては推奨されるツールや使えるツールに制限があります。紙の手帳が推奨されていたり、共有パソコンのためクラウドツールが使いにくかったり。

ただ、今は紙の手帳を推奨していても、数年後にはクラウドツールに移行する企業が多いと予想します。自分に選択権がないとしても、本書で述べているような考え方を今、使えるツールに落とし込んでみてはいかがでしょう。

できないことを理由にせず、できることから始めてみませんか。

Point 29

TODOリストには「致命的な欠点」がある

TODOリストは仕事の必須ツールだと思っていませんか。

それは間違ってはいませんが、TODOリストだけでは仕事の管理はできません。

TODOリストには**時間の概念が欠落**している、という致命的な弱みがあります。


TODOリストとは「□　山田さんに電話」のように何をすべきかまとめたリストのことです。

終わったら「☑　山田さんに電話」のようにチェックをつけたり「~~□　山田さんに電話~~」のように消し込み線で消したりします。


このTODOリストが持つ欠点を具体的に説明していきましょう。

次のようなTODOリストがあったとき、どの順番で処理をしたらいいでしょうか。

□税理士の山田さんに電話をかける
□セミナー参加者5名にお礼メールを送る
□時間管理についての書籍を執筆
□売り上げアップについて考える
□広告代理店と打ち合わせをする
□A社の見積書作成
□B社の提案書作成

こういったリスト管理をしている人は「終了！」と消すことに快感を得ているので「電話をかける」「メールを送る」など着手しやすいものから対応する傾向があります。

その結果「書籍を執筆」「売り上げアップについて考える」などのような時間のかかるTODOや抽象的なTODOは、なかなか処理されません。

「いつかできたらいいなぁ」という願望のままなので、残り続けます。見て見ないふりをしていてもTODOは消さない限り残ります。

TODOが悪いのではない。消さない、あなたが悪いのです。

では、ここに優先順位をつけたらいいのかというと、それも問題がありそうです。タスクの優先順位を次のようにつけたら、どうなるでしょう。緊急で重要なものを優先的に処理するはずです。

④□　税理士の山田さんに電話をかける
②□　セミナー参加者5名にお礼メールを送る
⑥□　時間管理についての書籍を執筆
⑦□　売り上げアップについて考える
③□　広告代理店と打ち合わせをする
①□　A社の見積書作成
⑤□　B社の提案書作成

こうして処理をしているそばから、次の仕事が入ってきます。

すると、いつまでたっても⑥と⑦のタスクは処理されません。後回し、後回し。

そもそも、優先順位って、本当に優先順位なのでしょうか。

よく「優先順位をつけて仕事をしろ」と言われますが、仕事として認識しているものは**「すべてやれ！」**です。優先順位をつけるのではなく、やるか、やらないかしかない。順番はあるようでありません。あるとしたら発生した順です。やると決めた瞬間にスケジュールを立てて、すぐに着手するのが早いと思いませんか。

TODOリストには時間の概念がない

TODOリストによる時間管理の決定的なデメリットは、時間の概念が入っていないことです。

そのタスクに、どのくらいの時間がかかるのか、いつまでにやったらいいのか。それらの情報が欠落しています。

そうなると「やりやすいものから」「好きなものから」と偏った処理になるのは自然のことでしょう。

Point 30

TODOリストの活用法は「備忘録」の一択

TODOリストを使ってはいけないわけではありません。

私も備忘録や業務の把握として、TODOリストは使っています。

短期的な備忘録としての活用法

TODOリストの本来の役割は**備忘録**です。

一時的な記録に向いています。何らかのトリガー、役割はそれだけです。

たとえば「牛乳を買う」「豆腐を買う」「鶏肉を買う」という買い物リストも本来の使い方といえるでしょう。

一時的な記録というのは「山田さんに電話をかける」「セミナーのお礼メールを送る」のように、カレンダーに転記するまでもないけれど、やらなくてはいけないこと。

もしくは、内容が定まっていないため、すぐにはカレンダーに転記できないもの。スタッフから「山田さんに電話してください」と言われるたび、カレンダーに転記するのは非効率です。数分で終わる予定をカレンダーに入れるのは、かえって管理が煩雑になるのでオススメできません。

そのようなときはＴＯＤＯリストに記載して、手が空いたときに処理します。

長期的な備忘録としての活用法

ＴＯＤＯリストを長期プロジェクトの備忘録として使うこともあります。

たとえば「本を書く」「ウェブサイトを作る」のような大きなプロジェクトをいったん記録します。ＴＯＤＯリストで業務管理をするのではなく、あくまでも、カレンダーに転記する前の一時保管場所として使うのです。

ＴＯＤＯリストに書いてあることで、そのプロジェクトのことを意識します。人は意識しなければ「やろう」という気になりません。

私はTODOリストに「時間管理の本を書く」というメモを残していました。

それだけで出版は決まりませんが、毎日、その言葉を目にすることで意識します。

このTODOを消したい。そのためにはどうしたらいいか。それを具体的に考えるようになります。

実際に出版の話が進んだのはカレンダーに「本の企画書を作成する」という1時間の予定を入れてからです。その予定が完了したら「企画書をAさんに見てもらうためにメールを送る」とTODOリストに入れていました。

メール1通は5分程度で送れます。関連する作業を行なうとしても30分程度でしょう。このレベルの取り組みやすいものはTODOリストだけでなくカレンダーにも「いつやる」と決めて30分の業務として時間を確保。

はじめは本の企画が、うまく進みませんでした。Aさんに連絡をしても「興味がない」と言われ、すかさず「Bさんに連絡」とTODOリストに書き込み、根気強くアプローチ。

このようなことを続ける中で、後に本を担当してくれることになる編集者と出会ったのです。取材を受けたときに「時間管理の本に興味はありませんか?」「企画書を一度見ていただけませんか?」と切り出すことができました。

これも、TODOリストに書いて「やる」と決めていたからです。つねに気に留めていなければ、この本はいつまでも世に出ることはなかったでしょう。

本の執筆のような大きなプロジェクトは、すぐにできる小さなタスクに分解しておくと取りかかりやすくなります。巨大な肉の塊も、サイコロ大であれば楽に食べられます。それと同じことです。自分の口に合ったサイズに切り分けて、どんどんリズミカルに食べていくのです。

TODOリストは、カレンダーに入れるほど具体的になっていないけれど、長期的に取り組みたいプロジェクトなどを、気に留めておくためのメモとして使うのがよいでしょう。

つねにTODOを見ることで「あ~、まだ何もやっていないなぁ」と**自分にプレッシャーを与え続ける**のです。

5章

うまくいく人は「先延ばし」をしない

Point 31

「時間割」を作るだけで、すべて好転する

小学生が国語、算数、体育、音楽とバランスよく学べるのは、なぜでしょう。

おそらく、本人に任せていたら、ずっと体育ばかりやっている子もいるでしょう。私が小学生なら算数ばかりやっていたはず。でも、バランスよく勉強をしてきたからこそ、今があるわけです。

子どもと大人のスケジュール管理の違いはどこにあるのか。それが**「時間割」**です。

小学校、中学校、高校、大学と、私は時間割の中で生活してきました。何の疑問を挟むことなく、開始時間になったら、その授業に参加。終わったら、次の予定に向かう。時間割があったから、やるべきことを決められた時間で偏りなくできたのです。

社会に出て**時間管理に苦しむのは、時間割がないから**です。

すべてを自分の裁量で決める。それは自由でもあり、自由ゆえの苦しみでもあります。

そんな私も就職して一つの壁にぶち当たります。

営業職として就職したのですが、何をやったらいいのか、わからないのです。先輩からは「君の仕事は営業だから、とにかくアポを取って売り込んでこい。ただそれだけだ！」と指導を受けました。

「何時から何時までテレアポ（電話営業）をするべきですか？」と聞いても「自分で考えろ！」「アポが取れるまで、電話するんだ」と言われるだけ。

それまで時間割の中で生活していた私は大きな違和感を覚えました。何をしたらいいかわからない。でも、自分で決めるしかない。

適当に朝は電話をして、午後はお客さんのところを回る。午後は2社回るのも、3社回るのも自分次第。そうなると、その先には「堕落」しかありません。

モチベーションが高かったときは午後に3社回っていましたが、自分で決めていいとなると午後に2社しか回らないようになります。疲れているときは、あえて遠方のアポを入れて片道2時間近くかけて訪問、商談1時間。ちょっとした小旅行です。

今思えば、なぜこうなったのかは明白です。「時間割」がなかったからです。

起業してからも、しばらくはそうでした。

すべての仕事が行き当たりばったり。アポは手帳で管理し、作業などはＴＯＤＯリストで管理。ＴＯＤＯリストを見ながら、やりたいことや簡単にできそうなことを優先。しかも、なぜかつねに締め切りに追われ、深夜まで仕事をしていました。

そこで初心に戻って時間割を作ってみることにしたのです。

当時、手帳には、面会の時間や会議の時間など人と関わるものを入れていました。

そこに落とし穴があったのです。

手帳を見ると、入っているのは人との約束ばかり。面会の予定や、誘われたイベントの視察。人と会う予定を入れることで満足していました。

でも、その日が近くなると仕事が回っていない。人と会う予定ばかり入れて自分の作業時間を一切確保していなかったからです。そうなると食事や睡眠、プライベートな時間を削るしかありません。

自分にアポを入れる

そこで、自分とのアポもカレンダーに入れるようにしました。

研修や打ち合わせといった人が関わる予定だけでなく、**自分だけで行なうこともすべて時間を確保**。

メルマガを書く、ウェブサイトを修正する、経営について考える、仕事の本を読む、移動する、ホテルに宿泊する。そうした自分のすべての行動予定をカレンダーに書き込むと使える時間が明確になります。その少なさに驚きました。

これが私の時間割仕事術の原点です。

自分がやるべきことをカレンダーに書き込み、後は、それを粛々とこなすだけ。30分から数時間の枠を取り、その時間内で決められたタスクをこなす。予定にないことは基本的にはやらない。

これを徹底しただけで、スケジュール管理が一気に楽になりました。

もちろん「30分や1時間でやる」という時間を見積もるスキル、その時間内でやり切るスキルも必要です。これは後述しますが、やりながら磨けば十分。

まずは、時間割の世界に飛び込んでください。

研修などの予定が決まったら、すぐにGoogleカレンダーに入力します。その前後には「移動」「撤収」などの時間も入力します。

飛行機も、その場で予約してフライトの時間をカレンダーに入力。飛行機の便などの情報や、会社から空港までの移動時間も入力します。経路も具体的に。宿泊があれば「福岡宿泊予定」のように宿泊することを宣言しておきます。

ホテルが確定したら「福岡宿泊（ホテル○○）」と更新。そして、研修の1週間前くらいに「資料作成・リハーサル」という時間を2時間から3時間くらい設けます。

準備から当日の行動まで、すべての予定をカレンダーに入力。予定の時間になったら会社を出て空港に向かう。カレンダーに入れているとおりに行動するだけです。

その都度「何をすべきか？」と考えるから疲れるのです。予定が決まったら取るべ

すべての予定を書いて、そのとおりに実行する

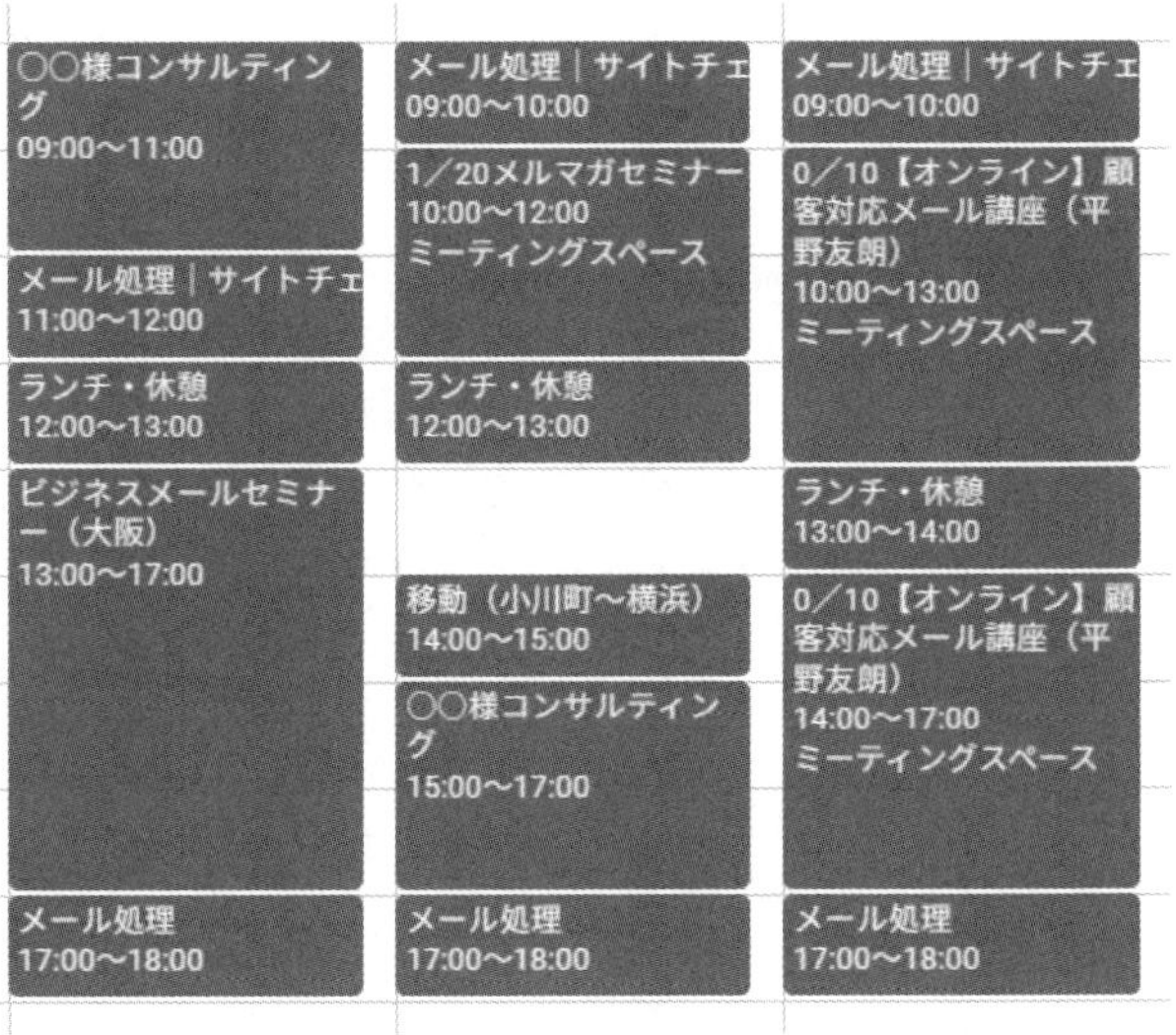

面会や訪問などのイベントだけでなく
移動、撤収の時間も入力

き行動が決まるので、それをすべてカレンダーに書き込んで自分に指示を出す。**カレンダーは自分の秘書のようなもの**。組まれた予定を言われたとおり、無感情でこなすイメージです。

この「無感情」というのがじつはミソ。

目の前に、たくさんの仕事があると仕事を選んでしまいます。面倒だから後回しにしよう。別の仕事をしよう。こう考えてしまうと、やるべきことが進みません。

重要なのは、**決められたタスクを決められたタイミングでやる**こと。

そこに感情が入り込む余地はありません。

「時間割」があると「時間になったからやろう」「これは予定だから仕方がない」と思えてくるから不思議です。

カレンダーに背中を押されるので心理的な負担を大きく軽減できるでしょう。

Point

32

手順がわかれば、投下時間もわかる

Googleカレンダーによる時間管理は「投下時間を正確に見積もる」「すべての予定を入力する」——、この二つが重要です。

この二つを着実に実行し、PDCAサイクルを回していく。ただそれだけです。

しかし、自分の作業になると時間を考えないで実行する人が非常に多い。「まずやってみる」「終わったら終わり」といった感覚の人も、カレンダーによる時間管理をするためには、かかる時間を正確に見積もることから始めます。

たとえば、ウェブサイトを1ページ追加する、という業務があったとします。

このときに、どうやって時間を見積もるべきでしょうか。なんとなく経験から3時間くらいと見積もり、取り組んでみたら1時間で終わったとしたら。

「2時間も早く終わったのだから評価されるべきだ」と思うかもしれませんが、じつは逆です。「見積もりの仕方が悪かった」と反省するべきです。自分の作業を客観視できていない証拠です。

早く終わったら他にやることを探さなくてはいけなくなります。探す気にならず暇をもてあますかもしれません。

8時間かかると思った業務が8時間で終わった。それがある意味、目指すべき姿です。

正確な時間の見積もり方

正確に時間を見積もるのは簡単です。**作業全体の手順を考えればいい**のです。

たとえば、ウェブサイトの修正は、今あるページを複製して対応するとします。該当するページを複製、原稿を書いて流し込み、一部デザインを修正。保存したデータをFTPソフトで仮ページにアップしてチェック。問題がなければ本番環境にアップをし直す。

このように全体の手順を細分化します。

それぞれ細かい作業が見えれば、投下時間もわかります。

各過程に、どのくらい時間がかかるのか。複製は、ものの数秒。原稿の作成は45分程度。デザインは得意だから15分。このように、自分のスキルと照らし合わせて時間を見積もります。すると、トータルの作業時間は1時間強だと予測がつきます。

時間を見積もるときには、具体的な手順を思い浮かべて予測をする。

慣れてきたら、過去の経験から、ざっくりと時間を見積もっても構いません。

かかる時間を予測するスキルというのは、非常に重要です。

社内で部下を指導する立場の方なら、依頼をするときに「これって、どのくらい時間がかかると思う?」と聞いてみてください。返ってくる時間が、あまりにも見当違いなら「それって、どんな手順でやるのかな?」とさらに聞いてみてください。その部下も、手順から時間を見積もるようになるでしょう。

人は、手順さえわかれば、その時間が見積もれます。時間が見積もれないのは、仕事全体のイメージがつかめていないからです。

私のセミナーでは、次のような簡単な課題を出します。


「今から、東京駅に行ってください」

「このセミナーのエッセンスを４００文字にまとめてください」

「自社（自分）の売り上げを10％アップさせる方法を考えてください」


これらの行動に、どのくらい時間がかかるかを見積もってもらいます。

そして見積もることに、どのくらいの時間がかかるのかを体感してもらいます。

ぜひ、時間を見積もるトレーニングとして、やってみてください。


人は、既知のものは時間を見積もることができます。単純なことも同様に簡単に見積もれます。

しかし、経験していないものや複雑なものは、簡単に見積もることができません。

そのため、過去の経験から予測できないものは、まずやってみて、その後に見通しがついたら時間を見積もる、ということでも構いません。何も考えずに最後までやり続けるより、よほどましです。

自分の行動を記録する

経験の浅い若手社員は、このような見積もりがまったくできないことがあります。その場合は、**自分の行動を記録する**ところからスタートしてください。

10分刻みぐらいで自分の行動をカレンダーに記録していく。そうすると、何を、どのくらいの時間でできるのか、自分の行動の輪郭が見えてきます。輪郭が見えると、予定の時間の目安を立てられるようになります。

自分の行動パターンを知るために、自分の時間に意識を向けるところからスタートしてもよいでしょう。

細かく記録をしていくと、1日3回もたばこを吸いに行っている。会議が、いつも1時間で終わらない。○○さんとの電話は時間がかかる。このように行動の時間配分や傾向に気づくことができます。

時間の見積もりは、1・4倍で行なう

時間を見積もるときには、**1・2倍から1・4倍くらいで見積もる**ようにします。

この、ちょっと多めに時間を取るのがポイントです。

ある仕事が30分でできるとします。その場合は、35分から45分で見積もります。その仕事をしている間に、電話が鳴ったり、部下や上司から声をかけられたり、割り込みの仕事が発生することもあるからです。その都度、予定が遅れるのはストレスになります。それを解消するためにも、あらかじめ余裕を持たせておきます。

一人で作業することの多い個人事業主の方などは、おそらく割り込みの仕事が少ないでしょう。それならば、見積もりは1・0倍から1・2倍にしても構いません。

余裕を取りすぎると、実際の行動がスカスカになり密度が低くなってしまうこともあります。ほどよいバランスを心がけてください。

私の場合、自宅やホテルで仕事をするときは、すべて思いどおりにコントロールで

きるので1・0倍で考えます。会社で作業をするときは、スタッフから声がかかることもあるので1・2倍程度で見積もっています。

Point 33

繰り返しのタスク(月・週・日)を埋める

カレンダーに自分の予定を埋める前に、やらなくてはいけない繰り返しの業務を把握します。月、週、日単位で繰り返している仕事。そうした繰り返しの業務が把握できていないと「そうだ、あれもやらなければ」と思い出し、見通しが狂っていきます。自分の使える時間を明確にするためにも、繰り返しの業務は漏れのないよう把握しましょう。

たとえば、次のような業務が繰り返しの業務として存在するとします。

［月で繰り返し発生する業務の例］

1日　ウェブサイトの定期更新

22日　給与振り込みの手配

月末　月報提出／入金確認・催促

［週で繰り返し発生する業務の例］

月曜日　9時から9時30分まで営業会議

金曜日　週間交通費の精算書を出す／週報提出

［日で繰り返し発生する業務の例］

主要顧客のウェブサイトをチェック

日報提出

繰り返しの業務を把握し、予定に組み込んでおけば「今日は忙しかったからできなかった」という事態に陥ることはありません。

確実に発生することがわかっているものは、**事前にカレンダーに入力**して予定を入れるのです。これで使える時間が明確になります。

ランチや休憩の時間も入れておきましょう。しっかり休むべき時間も、予定として組み込んでしまいます。

小さな仕事はパッケージにする

小さな仕事をたくさん抱えているときは、その中のいくつかを一つの仕事のパッケージとしてまとめます。

私は次のような業務を小さなパッケージとしてまとめ、朝の30分間で処理しています。

- **自社のウェブサイト（7種類）が正常に表示されているかチェック（2分から3分）**
- **広告費の無駄遣いをしていないかチェック（3分から5分）**
- **お客さまのFacebookをチェックしてコメント（5分から10分）**

・昨夜から届いたメールの処理（残りの時間）

数分で完了することも繰り返しの業務として予定に入れておくと、対応漏れもなくなります。

以前、自社のウェブサイトが改ざんされたことがあり、お客さまからの指摘で気づきました。ウェブサイトは会社にとって生命線。毎日、きちんと表示されているかを確認しなければならないと痛感しています。

どんなことでも、やるべきことを日々の予定に組み込んでからは、何か問題があったら即座に対応できています。

Point 34

「大きなタスク」→「小さなタスク」の順で埋める

繰り返しの業務を予定に入れたら、次は、その他の予定を入力します。

そのときに重要なのが「**大きな予定から先に入れる**」ということ。

なぜなら、小さな予定を先に入れると空き時間が細切れになり、大きな予定のブロックが入らないことがあるからです。まとまった時間が確保できないから、いつまでたっても実施されない、ということがあるのです。それでは意味がありません。

小さな予定も「この時間にやらなければならない」と実行する時間を動かせないときは先に入れても構いませんが「いつやってもいい」というものは、大きな予定の隙間に入れます。


1日がかりの大きな予定は大きな石、2時間から3時間の予定は小石、30分程度の予定は砂、1分から2分で終わる電話などの予定は水だと思ってください。

それを自分のスケジュール（コップ）に入れます。

【水↓砂↓小石↓大きな石】の順番で入れてはいけません。最後に大きな石が残ってしまいます。

逆に【大きな石↓小石↓砂↓水】の順番で入れると、多くのものを入れることができます。水のような流動的なもので隙間を埋めることが重要です。

私の仕事を例にタスクを埋めてみましょう。

［大きな石］……動かしにくい予定

日程が決まって動かせないものをカレンダーに入力します。確定した日程が急に変更されることもありません。私の場合は研修や講演などが、それに当たります。そういったものから、どんどん埋めていきます。

それに付随して前後の移動時間も確保します。交通経路などを調べ、所要時間を転記します。

会場には1時間前には着きたいので、セミナー開始前1時間の枠に「準備、待機」などと記載しておきます。

その他、定期的に行なうことになっている会議や決まったアポなども先に埋めておきます。人が関わる予定を先に埋めます。

［小石］……移動は可能だけど、できれば、そこでやりたいもの

大きな予定を起点として発生する業務もカレンダーに入れておきます。

私の場合、研修前のリハーサルや資料の作成など、まとまった時間を要するものがそれに当たります。

公開セミナーを開いたら、必ず一人ひとりにお礼メールを出しています。

そのため、セミナー翌日のカレンダーには「お礼メールを送る」という予定が「人数×3分」で組まれています。お礼メールも4日から5日後に送ったのでは効果激減。間は空けないほうがいい。だから、あらかじめ翌日の午前中に組んでいます。

「忙しいからできなかった」は、ただの言い訳です。あらかじめ発生する業務は予定に組み込んでおく。そうすれば作業予定のダブルブッキングは防げます。そして、つつがなくすべての業務を終えることができます。

他にも、営業だったら「テレアポ3時間」「既存顧客フォロー電話2時間」のようにまとめて時間を取りましょう。提案書を作るのであれば「○○社提案書作成2時間」のように時間を確保します。これも小石レベルの業務です。

［砂］……自由度が高く、隙間を埋めるのに適している業務。30分から1時間単位

見積書を作る。提案書をチェックする。訪問のお礼メールを書く。

このようなまとまった業務を砂の時間と考えています。

かかる時間は30分以内であっても時間割に埋めていきます。

［水］……数分で終わるもの。移動が容易にできる流動的な仕事

経費の精算をする。資料を印刷する。部下に指示をする。電話をかけて内容を確認する。このような5分以内でできる仕事は、すべて水のように流動的な業務だと考えてください。

やらないわけにはいかないが、いつやってもいい事柄は、順番としては隙間時間で対応するのが望ましいでしょう。

このように、それぞれの仕事を大きな石、小石、砂、水のように分類していくと、時間割に組み込みやすくなります。ちょっとしたタスク（ここでいう「水」の仕事）は、

TODOリストに並べておき、隙間時間に対応します。

仮の予定もすべて埋める

私は自分のカレンダーをスタッフに公開しています。

カレンダーを公開しておくと、予定が埋まっていない時間はスタッフが空き時間だと思って、アポを入れたり、面談の依頼をしてきたりします。

そのため、仮であっても予定が発生したらカレンダーにすぐに入れていきます。カレンダーの候補日に「○○（仮）」と書きます。この（仮）を入れておかないと、正式な予定だと自分自身が勘違いする可能性もありますし、（仮）と書くことで、スタッフも「○○の日程って変更可能ですか？」と調整しやすくなります。

正式な日程が決まったら、それ以外で仮押さえしていた日程は速やかに削除。候補日の（仮）の文字を取って確定した予定に昇格させます。

Point 35

カレンダーのメモは「手順書」代わりに使う

私にとってGoogleカレンダーは**「手順書」置き場**でもあります。繰り返しの予定を設定したり、予定の中にメモを残したり。これが非常に重宝するのです。

たとえば、ホテルを予約したら、チェックインからチェックアウトまでの時間をカレンダーに確保し、次のようなメモを残します。

- **ホテルの電話番号**
- **地図へのリンク**
- **最寄り駅、交通経路**

こうした情報を記載しておけば、ホテルに電話をかけたいときや道順を確認したいときはメモをチェックするだけ。

インターネットでホテルを検索する手間も省けます。その都度、検索するよりも初回に調べた情報をコピー・アンド・ペーストしておいたほうが便利です。

スタッフにカレンダーを公開しているので、そのカレンダーのメモを見て、私の代わりにホテルと連絡を取ってもらうことも可能です。

企業研修が決まった場合は、次のような情報を入力しておきます。

・主催者、担当者、電話番号
・研修の目的、課題
・参加人数、受講者層（役職、男女比など）

研修に登壇する30分前に、控え室でスマホからカレンダーのメモを見て、研修イメージを膨らませることができます。

このように、カレンダーの予定と関連したメモは非常に重宝します。

メモの応用として「**繰り返しの業務**」もカレンダーの中に登録しています。

たとえば、弊社では銀行のログインＩＤが合計４つあります。ログインＩＤはブラウザに記憶させているので、そこから選ぶ。パスワードは暗記しているので間違いようがありません。

今までは、記憶を頼りに該当するであろうＩＤを選択していました。外れたら再試行。これは本当に無駄な時間です。

今は、毎月22日のカレンダーに次のような情報を記載しています。

・××××××76　会社　ユーザー（給与振り込み）

これを見ると、末尾が「７６」から振り込み処理をすればいい、とわかります。

ちなみに、毎月22日としているのは、土日が入ったら振り込めなくなるからです。25日が給与の支払日なので前日までに手配が必要です。土日が入ることを想定して22日に設定しています。この設定は未来永劫繰り返しているので、１００年後のカレンダーを見ても同様に入力されています。

予定の中にメモを残すと便利

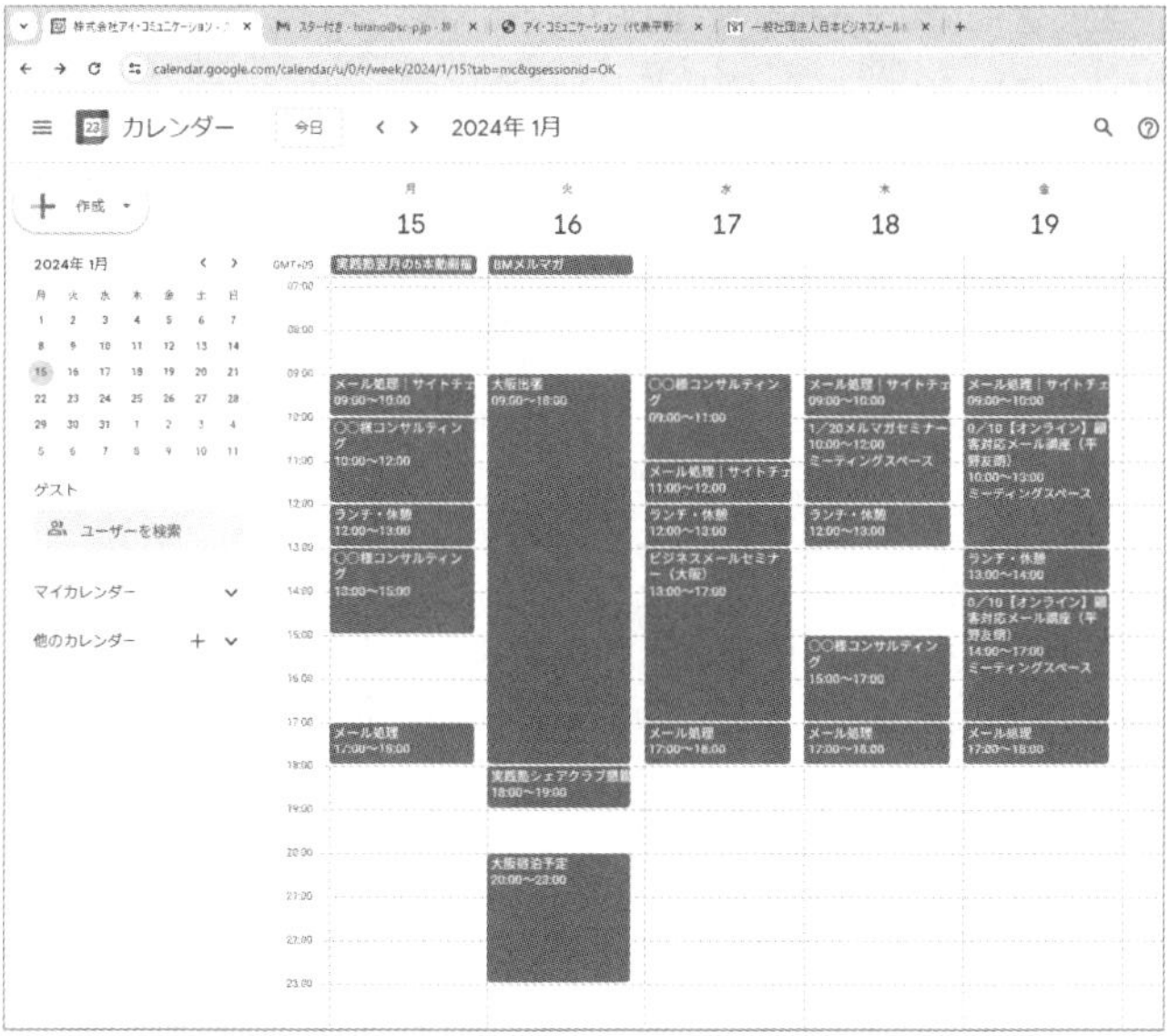

スケジュールはスタッフにも公開。予定をクリックすると、訪問先の担当者名、電話番号や住所などを記したメモが表示される

銀行口座が変わったり、IDが変わったりした場合は22日のカレンダーに上書きをします。その際、翌月以降の22日のカレンダーに繰り返すという設定をすれば、将来の上書きが一瞬で終わります。

こういったIDをメモ帳やエクセルで一元管理する人もいるでしょう。しかし、多くのIDが並んでいる中から該当するものを見つけるのは一苦労。カレンダーに入れておけば探す手間もかかりません。

これ以外にも、決算日（11月30日）のカレンダーには、毎年税理士の先生から言われている減価償却や棚卸しの方法などの手順書を入力しています。

これを入れる前は、毎回確認して教えてもらっていました。しかし、5年も、10年も同じことを聞いても覚えられないなんて、ちょっとショックです。

そのため、自分のためのマニュアルを整備しました。

質問することが減れば、別のアドバイスに時間を取ってもらえるようになります。自分の時間だけでなく相手の時間を軽減することは、結果的に自分のためにもなるのです。まさに「情けは人のためならず」ですね。

将来の「繰り返し業務」は手順書で効率化

確実に将来、同じことをするなら、その手順をまとめておくべきでしょう。手順書があれば試行錯誤して疲れ果てることもなくなります。

引き出しに入っていると思って順番に上から開けていったら、五つめの引き出しで探し物を見つけたという経験はありませんか。これもじつは試行錯誤の行為です。それなら引き出しに「領収書」「セミナー備品」などのラベルを貼っておけば一目瞭然です。

試行錯誤というと聞こえはいいかもしれませんが、それは**場当たり的な行動**になりがちです。迷路にいるネズミが、どこかにあるチーズを試行錯誤で探しているようなイメージです。

でも、私たちは賢い人間です。地図（この場合は手順書）を作ればチーズを一発で見つけることができます。

気づいたら一日中、試行錯誤していたということもあるでしょう。

昔の私は試行錯誤の連続でした。繰り返しの業務も手順書を作らないから毎回調べて、予定や計画を立てないで、その場の成り行きに任せていたように思います。

いつも試行錯誤して人に聞いてばかりいたら、どうでしょうか。聞く時間もかかるし、相手の答える時間も奪う。返事が来るまで仕事は止まる。手順書を作っていれば解決できることばかりです。

試行錯誤に酔いしれていた自分に喝を入れたいくらいです。無意識に遠回りしていることに気づいていませんでした。

今は無駄な行動を徹底的に撲滅し、最短距離でゴールを目指すようにしています。

Point 36

チェックリストで無駄な作業が激減する

手順書と同様に重要なのが**チェックリスト**です。

チェックリストで作業の抜け漏れをなくします。

飲食店でトイレに行き、壁に掃除のチェックリストが貼ってあることに気づいたことはありませんか。誰が、いつ、どこを掃除するのか。それが一覧になっています。もし、このチェックリストがなかったら、どうなるか。おそらく、自分が気になる点だけ掃除をしたり、掃除をすることを忘れたり、細かい抜け漏れが大量に発生することでしょう。

チェックリストがあることによって「考える」必要がなくなります。

再三、考える必要がないと書いていますが、掃除をするときに「どこを掃除しようかな」「次は何をしようかな」——、こう考えることもウィルパワーを消費しています。繰り返しの定型業務は、チェックリストに従い、何も考えずに、ただ淡々とこなしましょう。

チェックリストを活用すれば、試行錯誤や手順のミスをなくすことができます。

総務関連の業務であれば、社員の入退社時のチェックリストも整備できるでしょう。

私は経営者として社員の管理もやっていますが、社員が入社するたびに社会保険労務士の先生に「どんな手続きが必要なんでしたっけ？」と聞いていたら、どうでしょう。正直無駄です。聞くためのメールを書いたり、電話をしたりするのも時間の無駄。場合によっては、追加の料金がかかるかもしれません。

一度行なったことはチェックリストにまとめておけば、次に同じような業務が発生したとき、チェックリストを見るだけで、すべきことがわかります。

習慣化できればチェックリストは不要

出張の準備もチェックリストを作っています。

じつは、10年以上昔に、同じ忘れ物を3回もしました。それはパソコンの電源コードです。通常、数時間の研修であれば付属のバッテリーで十分なので電源コードは持ち歩きません。その習慣があるため、出張時に忘れることが、たまにありました。

研修中に電源が切れてしまっては大変です。3回とも電器店に走り、電源コードを購入。もちろん会社に戻れば電源コードはあります。購入するコストも買いに行く時間も無駄。そして不要なストレスも感じているのです。

たかがチェックリストだと軽視できません。人は「記憶」にすべてを頼ることはできません。絶対に忘れるものだと確信を持って生きるべきです。

チェックリストも反復すると次第に慣れて、意識しなくてもチェックできるようになります。記憶しているわけではないのですが、チェックするという行動が体に染み込んでいくようです。

私も今では「出張の持ち物リスト」は使っていません。完全に習慣化されました。

このように習慣になるまではチェックリストを使って抜けや漏れがないようにして、**習慣ができたら手放せばいい**。

チェックリストを持つことによって、誰がやっても質は一定になります。

人によって、ばらつきがあるのは見ているものが違うから。チェックリストを使って見るものを統一すれば、ある程度の個人差は解決できます。

Point 37

「1日30％の空き時間」をつくろう

自分の思いどおりに仕事をこなす、というのは難しいことかもしれません。

カレンダーに予定を目一杯詰め込んだとします。はじめの1時間は調子がよかったけれど、電話が鳴ったり、上司からの急な依頼が入ったり、お客さまからのクレームが入ったりしていくうちに予定が狂っていく。

人と関わるからこそ、思いどおりに管理できないのが時間です。

割り込みの仕事が、たくさん入る可能性がある人は、**1日の仕事時間の30％（2時間程度）**を空けておきましょう。

割り込みの仕事がきたら、カレンダーに入力して時間を確保。すぐに対応します。

これなら予定どおりですし、他の仕事にしわ寄せが行くこともありません。

私は30％の時間を空けていますが、これは経験により導き出した私なりの数値です。

ただ、いろいろな職種の方と話をしても、このくらいの数字に落ち着くことが多いようです。

30%の空き時間に仕事が入らなかったら、どうするのか。

これも解決策はシンプル。明日、明後日のカレンダーに入っている仕事を前倒しすればいいのです。明日の1時間の仕事を前倒しして今日できれば、明日は1時間の余裕が生まれる。そこに明後日の仕事を回せばいい。じつに単純な理論です。

私は、毎日メルマガの執筆に30分あてているので、1時間空き時間が生まれたら、2本分の執筆ができます。そこで2本執筆することによって、将来1時間の空き時間を確保できるのです。

予定を前倒ししたり、移動したりと**時間割の変更をしやすい**のがクラウドツールの特徴です。選択してドラッグ・アンド・ドロップ。それだけで移動は終了。紙の手帳は消して書き直す必要があります。変更にかかる時間は、どちらが少ないか明白です。

割り込みの仕事が30%では消化できなかった場合は、どうするのか。

これもまったく問題ありません。今日やるべきだった仕事を明日に回せばいいだけ。もともとデッドラインを見て仕事をしているわけではありません。賞賛ラインを見て予定を組んでいます。そうなると、ほとんどの仕事が前倒しできている状況なので、時間の変更もたやすいでしょう。

急な予定が入り、予定が狂うこともあります。先輩経営者に誘われて、イベントに急きょ顔を出すことになったこともありました。予定を詰め込みすぎて融通が利かない状態だと、そういったチャンスを逃してしまいます。

私は講演や人との約束以外は、いくらでも融通が利くように予定を組んでいます。すべてを前倒しでやっているからこそです。

Point 38

人が関わる仕事を先にやる

時間割による仕事術を極めていくと、一人でやる仕事は高い精度でこなせるようになります。社内で声をかけられても、あらかじめ余裕を持っておいた時間内で消化することができるようになります。

しかし、外部の人に依頼をしたり、提出を待っていたりするものは、予定どおりにいかないことも。期限を守ってもらえなかったり、精度が低かったり。その結果、相手に振り回されて自分の仕事が後手に回ることもあります。

人をコントロールすることはできません。相手をコントロールしようとするのではなく、**自分が行動してリスクヘッジするしかない**のです。

だからこそ、私は人が関わる仕事を先に進めます。

自分が1時間でできる仕事が二つあったとします。

一つは、私が準備してから人に依頼して動いてもらうもの。もう一つは、自分だけで完結できるもの。その場合は前者（人が関わるもの）を先に進めます。その人が遅れるかもしれない、何かのトラブルに巻き込まれるかもしれない、急に病気になるかもしれない。何が起きるかわからないからこそ、できるだけ初動は早く。いくつものリスクを想定して、予定を組みます。

自分の仕事を予定どおりに進めるためには、相手に余裕を持った依頼をする。期限をしっかりと伝える。途中で進捗を確認する。求める質をしっかり伝える。

いろいろとできることがあります。人に期待するのではなく、期待が外れても思ったものができあがるように、自分で仕切り、先回りしましょう。

Point 39

「金曜日になって動き出す」のはやめよう

やりたくない仕事が、ずっと残ってしまうことはありませんか。

以前の私はそうでした。

たとえば、お詫びの電話をする。売り上げにつながらないような後ろ向きの仕事。苦手な相手とのコミュニケーション。まとまった時間が取られる仕事もそうです。

人には、好き嫌いがあって当然です。でも、やると決めた仕事は、**どうせいつかは、やらなくてはいけません。**それが明日になったら、やりたいと思えるかというと、そうではないのです。

以前の私は先送り癖がありました。

「このお詫びの電話したくないなぁ」と思っているうちに一日が終わります。「明日になったら必ず電話をしよう」と心に誓います。しかし翌日、また翌日。気づけば1週間くらいたっています。そんなときに、自分に対して言い訳を始めます。

「今さら電話しても、かえって迷惑ではないか？」

「大きなクレームになっていないから、このままでもいいのではないか？」

そして、結局なかったことにしてしまうのです。

これは客観的には、いけない行為ですし、お客さまを失うことにもなりかねません。「効率」で考えたら、新規客の獲得よりも既存客の維持のほうが簡単です。でも、感情で判断して「お詫びをしない」ことを正当化してしまうのです。

重要なのは「決断」して「実行」すること。たったそれだけです。**強制的にやるには、カレンダーに入れてしまえばいい**。時間割に「○○さんへ謝罪の電話」と15分ほどの予定を入れます。その時間になったら電話をかける。やりたくないこともタスクとして時間割に入れれば無視できません。

子どもの頃、私は水泳が嫌いでした。

自分で選択できるなら絶対にやっていないはず。でも、時間割で水泳の時間になったら仕方なくプールに向かうわけです。

これが時間割の魅力であり強制力です。

TODOリストで管理すると「○○さんに謝罪」という業務が永遠に残ります。「いつ」が決まっていないので、やりたくないことは後回しに。そして、いつしか、なかったことにされていく。

でも、カレンダーに組み込んだら、やるしかありません。

「苦手タスク」を実行したら「ご褒美タスク」を

私は苦手な仕事を入れた後には必ず、自分の好きな仕事を入れています。

たとえば、毎日配信しているメルマガ『毎日0・1％の成長』の執筆。これはすごく好きな仕事です。1通30分くらいで書いていますが、許されるなら一日中書いていたいくらいです。気分の乗らない仕事の後に「メルマガ執筆」というタスクを入れて、モチベーションを維持しています。

他にも、Ｆａｃｅｂｏｏｋを見て情報収集、本を読む、雑誌をチェックする、仕事に関わるセミナーの動画を見る。このあたりが私にとっての、**「ご褒美タスク」**です。

テンションが高まるタスクがない人は、嫌な仕事をやった後に大好きなコーヒーを入れる。気分転換にお菓子を食べる。このような、ご褒美を自分にあげるのもよいでしょう。

楽しめることが一つもなくてすべてが嫌な仕事だったら、正直その仕事は向いていいないし、やらないほうがいい。嫌々やっているものはミスも起こしやすく、相手にもその気持ちが伝わります。

好きな仕事と嫌いな仕事をうまく配分して、ご褒美を自分にあげてモチベーションを維持するようにしてください。

どうしても嫌な仕事に取りかかれないときでも「まずやってみる」という気持ちを持ちましょう。とても面倒な案件に感じていたけど、やってみたら「たいしたことなかった」ということもあります。「5分だけ頑張ろう」と思って、やり始めたら気持ちよく進めることができて予定どおり1時間集中できた、ということもあるでしょう。

Point 40
自分の「黄金時間《ゴールデンタイム》を知る」すごい効能

仕事の時間割が安定してきたら、パフォーマンスがさらに高くなる方法を考えます。

具体的には、作業の順番や時間を変えることで、パフォーマンスにも変化が出ます。

私も仕事の順番を変えたりしながらスケジュールを微調整して、**効率のよいポイント**を探っています。

たとえば、原稿を書く気分が乗っていたら明日、明後日に書く予定だった原稿を今、書いてしまう。その代わり、今日の仕事を明日に回す。

30分かかると思っていた作業が25分で終わるなら、その流れに身を任せる。5分の時間が短縮できたら、その5分でできる作業を前倒しする。30分かける予定だったかと作業時間をだらだらと延ばしたりはしません。

大切なのは、**気分が乗っているときは、その波に乗る**こと。

スピードアップの波に乗って一気に仕上げます。


誰だってつねに気分が乗るわけではありません。

作業をしていると気分が乗らないこともあります。そんなときは頭を使わない作業に切り替える。無理にやろうとすると、かえって時間がかかります。そのロスは気分が乗ったときの貯金で埋め合わせをしているから大丈夫。

今日が期限ぎりぎりなら、気分が乗らなくても無理矢理やらなくてはいけません。
でも、時間に余裕があれば、仕事の順番を入れ替えて気分転換も図れるのです。

時間帯によって集中力と効率が変わる

私の場合、午前中は原稿作成などの仕事が向いていることがわかっています。夕方に原稿を書こうとすると集中力が一気に低くなり、倍くらいの時間がかかります。午前中に書いても、午後に書いても、1本の原稿には変わりないけれど、かかる時間が違う。それであれば、最短で済ませられる時間帯に着手したほうが効率はいいですね。

営業の方と話をすると「午前中にテレアポをすると獲得率が高い」と言われることがあります。午前中のほうが集中して商談できる、という人もいます。

黄金の時間帯は人によって違うので、自分の感覚で試してください。

一概に「朝がすべて」のような考え方には違和感があります。

仕事の内容によっても適した時間は異なります。複数のパターンを試して、自分に合ったものを見つけるのが一番です。

私は深夜に仕事をしないと決めています。当然、徹夜もしないと決めています。もし、朝から、みっちり働いて19時以降も仕事をするなら、一度そこで中断してください。そして、家に帰って、すぐに寝てください。あと3時間かかることを22時までかけてやるつもりだったのなら、翌日始業時間より1時間半くらい早く出社して、作業してみてください。おそらく前日の予想の半分くらいの時間で済むはずです。

長時間、仕事をすると仕事の質は低くなります。これは私自身も経験していますし、周囲を見ても同様です。

自分の「勝ちパターン」を見極めよう

パフォーマンスが落ちたと思ったら、まずは休憩。

集中力がなくなると生産性が低くなります。

文章を書いていても進まない。考えていても結論が出ない。そんなときは、迷わず中断して気分転換をしましょう。ちょっとコーヒーを飲んでもいいですし、トイレに行ってもいい。2時間通してやるよりも、1時間やって30分休憩。その後30分で仕上がるなら、そのほうが効率的です。

ただ、疲れがたまっている残業中は何度も休憩しないと集中力が維持できないことも多いので、そうなったら、諦めて帰るのがベスト。残業にかけた時間とパフォーマンスをチェックしてください。

私は今までに、いろいろな本から集中力を高める方法についても学びました。

そこで思うのは「本にあるのは一つの情報にすぎない」ということ。著者の主張が自分には当てはまらないケースもあります。

たとえば、ラベンダーの香りで集中力が高まる、という記述があったとします。でも、こういった香りが苦手な人は気になって集中できないかもしれません。「コーヒーを1杯飲むと集中力が高まる」と言われてもコーヒーが好きではない人にとっては解決策になりません。

当てはまる人と当てはまらない人、うまくいく人といかない人がいるのは当たり前。

結局のところ、**自分の勝ちパターンを見つける**のが一番。それがわかれば、その波に乗って繰り返すだけです。

Point 41

「隙間時間」にやることを決めておく

仕事はパズルだと思って取り組んでいます。8時間、30分、1分、30秒と、さまざまなピースが組み合わさって仕事が構成されています。

私の仕事術は、無駄なピースを増やさないだけでなく、ピースの順番を自在に変え、処理していくことを重視しています。

だから「さ〜て、手が空いたけど、何しようかなぁ」と考えたこともありません。事前に、隙間時間にやるべきことを、いくつも準備しているからです。

3分の隙間時間に、ぼーっとする。そこに仕事が遅れる原因が潜んでいます。

「そのくらい、いいじゃないか」
「仕事中に休むのは重要だ」

そういう声があるのも納得しています。

ただ問題は休むタイミング。それほど疲れていないのに、休む予定ではなかったけれど、たまたま手が空いたからといって休憩するのは、時間管理ができていないことの証しでしかありません。

会議に、みんなが集まってこない。来客があるが、まだ行くには早すぎる。パソコンが固まってしまって再起動しなくてはいけない。いろいろな理由で中断され、手が空いてしまうことがあるでしょう。

そんなときこそ「後でやろう」と思っていたものを今すぐやる。やれるものを見つけるのではなく、隙間時間にやれるものを事前に準備しておく。

その結果、TODOが増えていきますが、無駄に仕事を増やさないためにも、TODOとして決めたことだけをやるべきなのです。

そして、**休むときは徹底して休む**。中途半端に休まない。休むと決めて、しっかり休む。

隙間時間にできる2つの仕事

隙間時間にやれることは2種類です。

・すぐに終わる仕事
・中断が簡単な仕事

見開き2ページごとに話が完結するような書籍の執筆は、中断しやすいタスクです。1分から2分で返信ができるメールの処理も同様です。もっと短い時間ならデスクの上の掃除も向いています。

自分の予定の確認、すぐに終わる電話、ちょっとした事務作業、出張の準備（ホテルの予約など）。考えれば、隙間時間でできそうなタスクは、いくらでもあります。

私は10秒以上の隙間時間があれば、次のような業務をつねにやっています。

【1分以内】

・目の前の書類の整理

・カレンダーのチェック

【1分から3分】

（右のものに加えて）

・Facebookへコメントをつける

・メールのチェック

・雑誌に目を通す

・ネットのニュースの拾い読み

【3分以上】

（右のものに加えて）

・本を読む
・出張のホテル予約
・新幹線の予約

どのくらいの時間があれば、何をするかを事前に決めておくだけで、そのような場面になったら、すぐに対応できるようになります。

隙間時間は短いので、ぼーっとしていると、あっという間に終わります。


このような仕事術の集大成が、私が定時で帰れている理由である「時間割仕事術」です。

大量の仕事を日々こなしているので「忙しそうなのに、よく執筆の時間を取れますね」と驚かれることがあります。

本は、一文字、一文字の詰み重ねでできています。通常のビジネス書は10万文字くらいのボリュームです。私の場合、1時間で2000文字から3000文字くらい書けます。つまり、33時間から50時間くらいで一冊分のアウトプットはできる計算です。

もちろん、その後に校正作業や細かい修正などもあります。でも、ざっくりとしたアウトプットレベルであれば、この時間で十分ですし、捻出できるラインです。

忙しいのは、時間の使い方が下手なだけかもしれません。

あなたの**時間の使い方が適切かは時間割が教えてくれます**。自分の時間割を30分、1時間単位で見てください。隙間時間はまったくありませんか。

Point 42

毎朝5分間、「時間割」と真剣に向き合う

時間割のPDCAサイクルが回せるようになってきたら、その精度を高めるための時間を確保します。

私は毎朝「**時間割のための神聖な5分間**」を過ごしています。

自分の一日のスケジュールを見て、一週間、一カ月のスケジュールを俯瞰して、今

日のスケジュールを微調整。たった5分ですが、この時間を持つことで一日の仕事の精度が高まります。

明日やる予定だったものを今日に回したり、1時間の予定を40分に変更したり。今日の時間割を完璧にしてから一日をスタートさせます。

移動中の電車でやることもありますし、会社に着いてコーヒーを飲みながら、リラックスしてチェックすることもあります。

このルーチンをしない限りは仕事を始めません。一日のスタートの儀式なのです。今日やるべきことが頭に入っていれば気持ちよく進められます。

山登りのための地図のようなものです。1日分の地図は完成していますから、途中でわからなくなったら地図を見ればいい。そして、厳密に予定どおり進めて定時に帰る。この時間割があるから自信を持って実践できています。

カレンダーを使った時間管理は、慣れるまでは大変かもしれません。

最初から将来の予定を細かく埋めるのは難しいかもしれません。

私も**カレンダーを完成させるのは当日の朝**です。2週間から3週間先のカレンダーは、5割から6割の埋まり具合で作っています。それを当日の朝、完璧なスケジュールに組み直します。

場合によっては、9時から18時まで休みなく埋めて予定を組むこともあります。予定を埋めたら後は、自分との闘いであるかのように粛々とこなすだけ。割り込みの仕事が入れば翌日のカレンダーに移動して、つねにカレンダーを最新の状態にしています。

30分単位の小さなブロックの仕事を、ひたすらこなし、18時ちょうどにゴールを迎える。私は毎日18時過ぎには退社しています。残業するとしたら、それはスタッフの手伝いくらいです。

毎朝5分間カレンダーと向き合う理由は他にもあります。

今日、一日の仕事の手順をイメージし、仕事に取りかかりやすい状況をつくるためです。

「**リハーサルの効果**」とでもいうのでしょうか。事前に手順や仕事の流れがイメージできていれば、スムーズに仕事を進めることができます。途中でつまずくことが少ないので、安定して前に進めます。あたかも一度やったことがあるかのようにスタートできるため、本番はうまく作業ができるのです。

出先から会社に戻るときも、歩きながら頭の中でリハーサルをすることがあります。会社に戻ったらパソコンの電源を入れて、コーヒーを入れて、メールを処理したら○○の原稿を作成して、××さんに電話をかけて。

このように流れを決めて従うだけ。会社に着いたら、カレンダーには30分の時間を取って「メール処理、○○の原稿、××さんに電話」と入力。さすがに「コーヒーを入れる」などは書きませんが、頭の中でリハーサルするときは、すべきこととして細かく流れをイメージしておきます。

Point 43

予定、実施したこと……すべてを記録

カレンダーは仕事の記録そのものです。

通常、行動予定だけを残すことが多いですが、**実施したログも残すべき**。私は、Googleカレンダーを利用して、その都度、予定を書き換えているので自動的にログが残ります。

時間がかかると思っていたものが30分で終わったら、カレンダーも30分に変更する。過去のカレンダーは仕事のログなので、どんなタスクが何分で終わったのかを確認できます。次に同じような業務が発生するときは、過去のログを見て、時間を予測することもできます。

業務にかかる時間は、正確に測定しておかないと感覚で考えてしまいます。

自分が好きな業務は、早く終わっていると思いがちですが、実際、計測すると倍以上の時間がかかっていることもあります。

「PDCAサイクルで回しましょう」とよく言いますが、そのサイクルに乗っていないことがじつは多いのです。ほとんどが計画して実施、そこで終わり。予測と結果が合っていたのかまで把握しなければ改善できません。

感覚で捉えるのではなく、実際にカレンダーに記録しましょう。時間を正確に把握することによって「思ったよりも早かったな」「なぜか時間がかかったなぁ」などと考えることができます。

これは手帳であっても同様です。予定と異なったのであれば、その都度、カレンダーを消して直す。やはり、消せるボールペンは必須ですね。

時間割は上司とのコミュニケーションツールにもなる

仕事の経験が浅い若手社員は、自分で予定を立てるのが難しいかもしれません。

その場合は、まず自分で時間割を作り、それを上司に見せながら、時間の使い方を一緒に見直してもらいましょう。

場合によっては「○○は別の人にやってもらおう」「××は、30分が標準時間だろうね」とヒントをくれるでしょう。

何より、**仕事に対する時間管理の意識の高さ**に、口にしなくとも一目置かれる存在となることは明白です。そして、カレンダーによる時間管理という共通言語が手に入れば、時間管理が楽になることは間違いありません。

このカレンダーは、自分の予定が一杯なのを上司に説明するのにも使えます。

上司は、部下の仕事をきちんと把握しているようで、じつは把握できていないことも。そのため「これもできるだろう」「まだ終わらないのか」と言ってきます。

そのときに、このカレンダーを見せたら、どうでしょう。別の人に仕事を振ったり「この仕事はやらなくていい」と言われたり「この仕事はもっと簡単な方法がある」とアドバイスしてくれたりするかもしれません。現状を正確に伝えられるし、コミュニケーションの糸口にもなります。

Point
44

今日の「退社時間」を宣言しよう

ここまで本書を読んで、定時の退社ができるかどうか、半信半疑ではありませんか。もしそうなら、まだ決断できていないのでしょう。

心のどこかに「残業をしても仕方がない」という思いはないでしょうか。

さすがに終電までは仕事をしたくないけど、30分、1時間程度なら残業してもいい。家族との夕飯に、ちょうど間に合うよう30分くらい残業していこう。

こうやって考えていくと仕事の密度が、どんどん低くなります。タイムカードを押す会社なら「定時＋数分」を目標に打刻したいものです。

早く帰るために、退社時間を宣言し合ってください。

「今日は、18時ちょうどに帰ります」
「今日は、18時40分の電車に乗れるように、仕事を終わらせます」

「今日は、18時20分に出て、友人と食事に行きます」

このように退社時間と、ちょっとした予定を伝えることが、コミュニケーションにもつながります。社員間で退社時刻を宣言し合うことで、小さな約束が生まれます。

人は、自分との約束よりも、他人との約束を守る傾向があります。

自分で「今日は19時に会社を出るぞ!」と決めても、だらだらと残ってしまうこともあります。「間に合わないかもなぁ」と思った瞬間に妥協しています。

「終わらせる」という強い意志ではなく「終わらなくても仕方がない」という考えに支配されてしまうのです。

これを避けるために、先輩や上司(もちろん部下でも構いません)と「今日は18時に出ますね」と約束をしてください。たったこれだけで、時間どおりに退社できる確率が、ぐんと上がります。

早く帰るためには、**ある程度の強制力も必要**です。帰ると決めたら帰る。早く帰る理由をつくりましょう。友人との食事でもいいですし、習い事でも構いません。

それでも早く帰れないなら、高額な勉強会に申し込む、5分オーバーしたらキャンセルになるレストランを予約する。何かしらの強制力を働かせましょう。

人は、望んだものしか手に入れられません。本当に残業をしたくないなら、まずは心から、その状態を望んでください。そうしないと、いつまでたっても変わりません。

変わりたいと思ったら、そう強く願う。そこからスタートです。

Point 45

「時給思考で決める」と、迷わない、間違わない

今の仕事にかける時間や質が適正なのか。会社に貢献できているのか。仕事量が多すぎて自分ばかりが損をしているのではないか。

そんな思考に陥ってしまうことがあるかもしれません。

まず、自分の貢献レベルがどの程度なのか、おおまかに把握しておく必要があります。

わかりやすいのが「**時給思考**」です。1時間あたり、どのくらいの価値を会社に提供すべきなのかをベースに考えます。

ここでは、ある会社員を例に考えてみましょう。


月給30万円で22日勤務。

日々の労働時間は9時から18時までの実働8時間（休憩1時間）だとします。

30万円÷22日÷8時間＝約1704円

会社は税金の一部負担、労働環境など、いろいろなものを提供してくれていますから、その倍くらいを最低ラインとして、ざっくりと考えます。

わかりやすいように3500円を単価と考えます。これが1時間あたりに生み出さなくてはいけない価値。

この数字が把握できていれば「この案件は、2時間で1万円の利益を生むから、やったほうがいい」「この案件は、8時間で2万円の利益しか生まないから無理して受けないほうがいい」「この案件は、8時間で2万円の利益しか生まないが、その後も続く可能性があるから受けたほうがいい」というように判断ができます。

弊社は、ビジネスメールのセミナー（参加費8800円）を開催しています。この商品なら2時間電話をかけて1枠販売できれば、その人は価値を生み出していると判断できます。

アルバイトを雇うときも、このラインを越えられるかで判断します。

経営者は、このように判断していますが、雇われる側は、そのようなことを考えずに働いています。そこで評価のズレが生じます。

「私は1時間で3500円の価値を会社に提供できれば合格ですよね。それなら1日3万円の利益を出せるように、営業活動を頑張ります」と先手を打ってもよいでしょう。

3章では、相手の求める質を見極めることの重要性をお話ししました。

この時給思考も、そこに通じるものがあります。投下した時間の長さで評価されるのではなく、**そこから上がった成果で評価されるべき**です。

では、この人が内勤職だったら、どうでしょう。

同じ時間単価3500円で考えたとします。その人が4日かけて経理処理をしたとしましょう。そこで生み出すべき価値は、金額換算をすると次のとおりです。

3500円×8時間×4日＝11万2000円

外注費が、これ以下ならば、外部に委託するのもありでしょう。

ただし、外部に委託するにしても、依頼者側にチェックする業務は発生します。そのため、ここで算出した数字は、あくまでも最低ラインとして考えましょう。

このように目安になる数字を持っていると、もっと改善すべきなのか、現状でも貢献できているのかがわかります。

ここで取り上げた「時給思考」は、あくまでもおおまかな基準にすぎません。

しかし、これまで基準を持たず仕事をしていたとしたら、この思考を手に入れるだけでも効果が見られます。

この思考は、細かすぎる、厳密ではない、といわれるかもしれません。

でも、この思考がないと「だらだら作業を続ける」「無駄な作業に時間を投下する」ということにもなりかねません。あくまでも指標の一つですが、自分の時給はしっかり考えるべきです。

Point 46

「緊急×重要」のタスクをやめよう

いつも目先の仕事に追われているならば、仕事の内容を一度吟味して、整理する必要があります。緊急・重要によるタスクの分類は、誰もが一度はやったことがあるでしょう。

私も以前はTODOリストを作って、その仕事が、どこに当てはまるのかをチェックしていました。いわゆる、【緊急・重要】のマトリクスです。

（1）緊急×重要
（2）緊急×重要でない
（3）緊急でない×重要
（4）緊急でない×重要でない

（1）の「緊急×重要」はクレームなど緊急性の高いものだから、すぐにやらなくてはいけません。（4）の「緊急でない×重要でない」は、やらなくていい仕事。

私の以前の仕事は（1）ばかりでした。それが何年も続きました。するとまったく気が休まりません。土日休んで出社すると「緊急×重要」の仕事ばかり。当然、ストレスがたまります。

まずやるべきことは、**この分類の中で、どの割合が一番多いのか**、自分の仕事を書き出し、分類すること。おそらく「緊急」に分類される仕事が多くを占めているのではないでしょうか。

昔から言われているように、今ある仕事を分類して処理する場合、このマトリクスは有効です。でも、それ以前のところに大きな問題が隠れています。

「今日が締め切りだから、緊急だ」という状態は、問題を先送りにした結果です。「締め切りが近いから、そろそろやらないと」「今日中に対応しないと」といった発言や思考が多い人は、いつも仕事に追われている感覚があるはず。

本来であれば、すべての業務を前倒しして対応。そして、緊急の案件をほぼ抱えていない、というのが理想の状態です。


以前の私は、緊急性の高い案件が半数以上を占めていました。

突発的な仕事が入ってきたら玉突き状態になり、別の案件が遅れます。それを解消するために毎日残業、土日も出社。完全に悪循環です。起業してからも夜中の時間を使って、これらを乗り切っていました。

ただ、それは対症療法でしかありません。根本的な解決にはなっていないのです。

私の今の業務を、このマトリクスで分類すると次のようになります。

（1）緊急×重要……………5％強
（2）緊急×重要でない…………5％未満
（3）緊急でない×重要………90％
（4）緊急でない×重要でない…ほぼ0％

今、土日もしっかり休めているのは**「緊急×重要」の案件が発生しないように対応**できているからです。緊急な案件となる前に、根回しをして、未然に防ぐ。処理できるものは事前に処理する。すべての案件を賞賛ラインで対応して、前倒しする。

たったそれだけですが、その行動が将来の余裕につながります。

ちなみに（4）の「緊急でない×重要でない」がゼロなのは、そもそも、やらないようにしているか、意味づけを変えて価値を持たせているからです。行きたくない飲み会などが、ここに分類されると思いますが「○○さんと親しくなるため」のように目的を持たせたら、重要な仕事に分類が変わります。

6
章

うまくいく人は「メール」に時間をかけない

Point 47

メールの処理時間は「年間100時間減らせる」

私が「無駄が多い」と思うものは、会議や打ち合わせの時間、移動時間、そしてメール処理の時間です。この中で、自分でコントロール可能なものがメールです。

「はじめに」でまとめたように「一つのことに集中する」「情報を一元管理する」「繰り返しの業務の効率を突き詰める」「一つひとつの作業スピードを上げる」という仕事のスピードを上げるポイントが、すべてメールでも実現できます。

だから、**メールの処理時間の削減は、大きな効果が見込める**と考えています。

そもそもメールに、どのくらいの時間をかけているか、測定したことはありますか。もしくは、考えたことはあるでしょうか。

多くの人は、なんとなくメールを使っているので、たくさんの時間を費やしているという意識がありません。

仕事でのメールについて毎日平均、受信約50通、送信約15通というデータ（一般社団法人日本ビジネスメール協会「ビジネスメール実態調査２０２３」。以下、同調査より）があります。

この数字を見て「少ない」と思うかもしれません。でも、考えてみてください。メールを１通書くのに平均６分という結果から計算すると、１日に平均で90分使っていることがわかります。

仮に読むのが１分だとすれば、それだけで約50分。合計で１４０分。**毎日メールの処理だけで、２時間以上を費やしている計算**です。

私の場合は、１日に受信３００通、送信１００通程度で、２時間以内にすべての処理を終わらせています。これが世の中の平均的な速度だったら、書くのに６００分、読むのに３００分。合計９００分（15時間！）と、これでは仕事になりません。

私はメールの処理量が増えるたびに、どうやったら繰り返しの作業がなくなるか、通数を減らせるか、作成時間を減らせるか、正しく伝わるか、細かく突き詰めてきました。だからこそ、2時間程度（世の中の平均の1割から2割の時間）で、これだけの通数を処理できているのです。

一般の人でも、一日の仕事時間のうち20％くらいの時間をメールに使っています。これを意識している人は非常に少ないのが現状です。会議や移動の時間は、その時間が大きなブロックとして時間割に組み込まれ、可視化されるので意識しやすい一方、メールはかけている時間が可視化されにくいため、問題に気づきにくいのでしょう。じつは、このメールの時間を削減することが時間短縮の大きなポイントになるのです。

メールの処理時間を把握しよう

まずは、どの程度、メールに時間を取られているのかを測定してみてください。

1週間の受信メール、送信メールの通数を数えてください。

ここからメールの業務改善がスタートします。

メールの処理にかかる時間は次の数式で示せます。

書く時間の合計（1通あたりの書く時間×通数）

＋

読む時間の合計（1通あたりの読む時間×通数）

＋

メールを整理する時間

この式からも送受信の通数を減らせればトータルの時間が減ることがわかります。

書くスキルを上げることで、1通あたりの作成時間も削減できます。メールを速く読むテクニックを身につければ読む時間も減らせます。普段からメールを整理整頓したり、自動振り分けの機能を活用したりすれば、メールを探す時間も減らせます。

通数が減れば時間も減る

まず、届くメールを減らすところから考えます。

届いたメールは、基本的にすべて目視しているはず。そして「読むべきか・処理すべきか」を、その都度、判断しています。不要だと思っていても目には入るので、そういった不要なメールが届かないようにします。

不要なメルマガや営業メールは、受信を解除するか、ゴミ箱に直行するように自動振り分けをしましょう。

「Ｄｅｌｅｔｅキーを押せばいいや」と思っているかもしれませんが、キーを押すのも時間がかかります。１年で何回、不要なメールを削除するためにＤｅｌｅｔｅキーを押すのでしょう。１日に10通、不要なメールがあれば年間３６５０回もＤｅｌｅｔｅキーを押しているわけです。

メール特有のＣＣやＢＣＣによる共有も通数を増やします。自分が入るべきではないならば、送信者に言って外してもらいましょう。

ＣＣに入れていると「きちんと見てくれている」という思い込みが生まれます。しかし、ＣＣに入っているメールは軽くしか見ない人が大半。そのため、情報共有に漏れが生まれることもあります。

「とりあえず」という意図で入れられているＣＣや「受け取る必要がないぞ」と思うＣＣは、自分から外れるようにしましょう。

Point 48

「型」を覚えれば、簡単に処理できる

メールを書くためには「考える」「書く」という二つのプロセスがあります。これを、いかに簡略化するかがポイントです。

まずは「**型**」を手に入れてください。これによって悩むことが減り、考えなくて済むようになります。

私はビジネスメールの専門家として、何十万人もの方にメールの「型」を教えてきました。ちなみに「ビジネスメール」「ビジネスメールコミュニケーション」という二つの商標権は私の会社が持っています。そのくらい、メール教育の業界をリードしてきた自負があります。

では、プロから見てメールの無駄がどこにあるのか、順に見ていきましょう。

メールは7つのパーツでできている

メールは「型」で構成されています。「宛名」「挨拶」「名乗り」「要旨」「詳細」「結びの挨拶」「署名」。この中で、頭を使わなくてはいけないのは要旨と詳細のみ。**その他のパーツは機械的に考えるだけでいい**のです。

わかりやすいところからいきましょう。

たとえば署名。これは最初に設定したものを自動的に挿入することができます。最低限、名刺と同程度の情報が含まれていれば問題ありません。

締めの挨拶も同様です。「よろしくお願いいたします。」が基本。さらに、検討を促すメールなら「ご検討よろしくお願いいたします。」、確認を促すなら「ご確認よろしくお願いいたします。」、やりとりが続くなら「引き続きよろしくお願いいたします。」、やりとりがいったん終了するなら「今後ともよろしくお願いいたします。」、このように自分のパターンを用意しておき選ぶだけ。1秒もかかりません。

冒頭の宛名は、私の場合、社内なら「名字＋さん」のように決めています。社外に送るときは「会社名、部署名、フルネーム＋様」ではじめは送ります。良好な関係が構築されてきたら「フルネーム＋様」に変えます。

いつまでも、会社名、部署名をしっかり書く人がいますが、メールはビジネス文書ではありません。相手との距離を見定めながら、ある程度、簡略化していくべきです。

ちなみに、会社名や名前を間違えるのは御法度。相手は絶対に気づくだけでなく、印象が悪い。かといって間違いを恐れて、何度も名前をチェックするのは非効率。

会社名や名前はコピペするべきです。「渡邉」「渡邊」などは入力するよりもコピペしたほうが確か。コピペなら細かいチェックも不要です。コピーする箇所を間違っていないいか、確認は、その程度で十分です。

挨拶は「いつも」＋「大変」＋「お世話になっております。」の組み合わせで考えましょう。そんなにお世話になっていない（もしくは関係が近い）なら「お世話になっております。」、深い感謝があるなら「いつも大変お世話になっております。」などと自分の中で程度を設け、書き分けることもできます。

挨拶や名乗りは単語登録しておくと便利です。いちから入力するのに比べて速く、打ち間違いも防げます。

考えるべきは、**要旨**と**詳細**です。

そのメールに書いてあることを、ひと言で言うと何なのか。これから、どんなことを伝えようとしているのか。それを書くのが「要旨」です。プレゼンも全体像から詳細に入りますが、それと同じです。要旨の一例を挙げましょう。

「○○サービスの料金についてご相談があり、メールをお送りしました。」
「打ち合わせの日程についてご連絡いたしました。」
「○○の進捗状況の確認で、ご連絡いたしました。」

要旨を書かずに、いきなり詳細を書き始めると、相手も全体像が理解できません。そのため、理解が不十分になったり、誤解が生まれたりすることもあります。

要旨を書いたら、次は詳細です。詳細は、6W3Hなどのフレームワークを使い、情報の抜け漏れを防ぎましょう。

たとえば、会議の招集の連絡をして相手から「その会議は、いつ終わりますか?」「どんな準備が必要ですか?」「誰が参加しますか?」のように質問がきたら情報が不足している証拠。相手から質問がこないようなメールがベストです。

すべての情報が網羅されることによって、**相手からの質問を抑制**できます。

質問が入ったらメールの通数が増えます。返事のメールを1通書くのに6分かかるなら、どのくらいの削減効果があるのか考えるまでもありません。

まとめると、メールの7つのパーツの中で「宛名」「挨拶」「名乗り」「結びの挨拶」「署名」の5つは考える必要がありません。定型化できる内容はテンプレートを作っておくと便利です。

ほぼ機械的に処理できるものが多ければ、その分、他の箇所に時間を使えます。だからこそ、メールの基礎をしっかりと覚えるべきです。

メールの基礎をしっかり学びたい方は拙著『【改訂新版】ビジネスメールの書き方・送り方』（あさ出版）をお読みください。私の書籍の中で全体を一番網羅して解説している一冊です。

言葉のバリエーションを増やす

メールを書くとき、敬語にこだわる人がいますが、**丁寧語で十分**です。丁寧語も複数のバリエーションを持っておきましょう。

最近、若い方とメールをしていて「大変恐縮ですが」という言葉が多用されているのが気になりました。なぜ、ここまで恐縮するのかと聞いたら「このくらい恐縮していたら、どんな事柄もまかなえる」という主旨の話がありました。それは誤りです。軽度なものから重度なものまですべて、この言葉を使うと、受け取ったほうは違和感を覚えます。

「大変恐縮ですが」という言葉をつねに使っていると、状況に適した気持ちが伝わりません。

効率を求めて、いつも同じ言葉を使うのは得策だとは言えません。かえって誤解を与え、非効率な結果を招くこともあります。

読みやすいメールが届くようにする

メールを読むスピードを上げようと思ったら、読みやすいメールが届くようにすればいい。開いた瞬間に、そのメールの意図がわかる。眺めるだけで、全体像が瞬時につかめる。そういったメールが届けば、処理速度が飛躍的に高まります。

そのため、同じチームのメンバーと共に基礎をしっかり身につけてください。周囲のメンバーのメールがうまくなれば、メールを読む時間を減らすこともできます。型にのっとったメールを書く、読みやすいレイアウトで書く、簡潔なメールを書く、情報の過不足がないメールを書く。

これらはメールの研修を受けてルールを学べば、ある程度は身につきます。本を読んで学習するだけでも一定の効果は望めます。

もしくは、ご自身が、よいメールを書いて周囲のお手本になってください。それを見て相手も改善します。周囲のレベルアップも、自分の効率化につながるのです。

Point 49

「過剰品質なメール」を書かない

本書では「過剰品質」を避けるべきだと何度も書いていますが、メールにも「過剰品質」が存在します。

書いたメールを何度もチェックする。場合によっては、上司に添削してもらう。

これも、お互い時間の無駄です。難易度が高いメールは別として、日常のやりとりは何度もチェックしなくても、上司に見てもらわなくても、送れるようにすべきです。そうしないと、上司の時間がいくらあっても足りません。

絶対に間違ってはいけない箇所をチェック

メールを書くときの注意点を押さえておけば「これで大丈夫かな」と不安になることも減ります。

企業名、名前、商品名、金額、日付などは絶対に間違ってはいけない箇所なので、しっかりチェックすべきです。

企業名、名前、商品名は必ずコピペする。いちいち入力すると、いつか間違いが発生します。その「いつか」が、いつ起こるかわかりません。**どんなに仕事術に長けた人でも、間違いは起こる**と思ってください。

コピペできない場合は、細心の注意を払って入力しましょう。

日付は、必ずカレンダーを見てチェック。記憶に頼ってはいけません。

さらに「8／31」ではなく「8／31（木）」「8月31日（木）」のように日付と曜日をセットにすることで、勘違いするというリスクを回避できます。

回答の漏れをなくす

同調査によると、メールで**一番不快に思われるのは「質問に答えていない」こと**。質問の回答漏れがないかはチェックすべきでしょう。

私の場合、返信では後述する「部分引用」を使っています。それによってメールがQ&A形式になるので回答漏れはありません。

回答漏れがあると「意図的に回答しなかったのか」と勘ぐられるかもしれません。答えにくいから回答しなかったのではないか。何か都合が悪いことがあるのか。そのように思われないためにも回答漏れはなくしましょう。

丁寧さの演出は「クッション言葉」で十分

丁寧なメールを書くことに時間を費やしすぎる人がいます。

通常のメールは**簡潔に、わかりやすく**書ければ十分。丁寧な気持ちを伝えたいなら「恐れ入りますが」「お手数ですが」などのクッション言葉を使うだけでも違います。このクッション言葉も10くらい覚えておいて、パターンに分けて使えばいい。

それでも気持ちが伝わらないと思うなら、電話をしてください。メール1通に15分以上かけるなら、もうそれは仕事とは呼べません。電話をして15分以内で終わらせる。メールにこだわる理由はありません。

自分のメールが丁寧すぎないか。丁寧すぎて逆に読み手の理解を阻害していないか。その点も考えてみるべきでしょう。「過ぎたるはなお及ばざるがごとし」です。

Point 50

「見直し」は最低限でいい

メールをチェックする箇所と回数は最低限にしましょう。

何度もチェックして完璧を目指す必要はありません。

前項でまとめたような、企業名、名前、商品名、金額、日付などチェックするポイントを絞り、重点的にチェックすれば十分です。

私の場合、それ以外の箇所はチェックしないので、たまに助詞の間違いなど軽度なミスがあります。今よりも10%多く時間をかければ、これらのミスを減らすことはできます。撲滅に近い状態に持っていけるでしょう。

でも、そこまでして完璧に近づける必要はあるのでしょうか。

仮に、誤字がある状態で、どんな問題が発生するでしょう。

・念のための確認がくる
・心証が悪くなる（雑に見える）

この二つくらいです。


心証に関しては、いつもの仕事ぶりで挽回できるので重視していません。

もちろん、信頼関係ができていない相手に対しては、いつも以上にチェックします。

でも、こちらのことを信頼してもらっている場合は、ほぼノーチェックで送っています。

送る相手によってチェックの度合いを変えています。


わかりやすく言うと、ふだんコミュニケーションが取れている社員はノーチェック。

仲のよいお客さまは1回チェック。それ以外のお客さまは2回チェック。重要度の高いメールは印刷して1回チェック。


このようにチェックの回数や方法をレベルに分けておけばいいのです。

確認が必要なレベルの誤字があるのは数百通に1通くらい。

それであれば確認がきたときに2分から3分で、お詫びに加えて正しい情報を出すメールを書けばよいでしょう。リスクも少ないですし、トータルの時間も大幅に削減できます。

はじめは丁寧なメールでも、最後は誤字を恐れずチェックの回数を減らしていく。距離の近い上司と部下の関係であれば、そのような送り方でもよいでしょう。その分、コミュニケーションが取りにくい相手のメールをチェックすることに時間をかけるべきです。

Point 51

メールは1分で返信する

私のメールの処理時間は1通につき平均1分以内。このペースで仕事をしています。読むだけのメール（メルマガ、社内からの報告メールなど）は15秒程度。読みにくいメルマガは容赦なく受信を解除します。読みにくいメールは仕事のペースを乱すだけ。

以前、信州大学の先生とメールの読みやすさに関して実験をし、日本心理学会に発表しました。その実験でわかったのが、読みやすいメールを書くと倍くらい速く読めるということ。しかも、**速く読めるメールのほうが誤解は少ない**ということ。

本書は比較的、読みやすいのではないでしょうか。それは、適度に改行を入れたり、行間を取ったり。空白を見せるようにしているからです。

さらに、わかりにくい表現を排除し、一文を短くするようにしています。句点までは、長くても40文字から50文字。このペースで一文を作るとテンポもよく、読みやすくなります。

メールでも、それが大事です。私はメールの作成で培ったノウハウを書籍に応用しているにすぎません。

メールの返信には「部分引用」を使う

先にお話ししたとおり、私がメールの返信をするときには「**部分引用**」を使っています。

以前は「全文引用」を使うこともあったのですが、部分引用のほうが、トータルで入力する文字数が減る、質問と回答が対になっているので**書きやすいし読み手も誤解しない**、**回答漏れが起こりにくい**、このような特徴があり、部分引用を使っています。

部分引用は、まだマイナーな印象があるかもしれませんが、社内や関係性の近いお客さまなどには利用しても支障はないでしょう。私は20年以上、部分引用を使っていますが業務にまったく支障はありません。

全文引用は、相手のコメントをすべて読んだ上で返信文を考えます。そのため要約力も求められます。さらに相手からの質問への回答漏れが起こりやすいため、じつは難易度が高いといえます。

メールの返信に費やす時間だけを考えたら部分引用が効率的でしょう。

Point 52

メールは移動中にチェック

メールを1分で処理するために、移動中もスマホでメールをチェックして、仕分けをしています。

メルマガなどはパソコンでじっくり読むより、スマホで流し読みをするのに向いています。移動中にメールを仕分けしておくと、会社では必要なメールを見るだけです。

ちなみに、新幹線や飛行機でメールの処理をしている人を見かけますが、クライアント名もばっちり出ていますし、なんとなく内容もわかってしまいます。

今後、**情報漏洩のリスク**は、ますます高まり、そこに対する目はシビアになります。もし、問題が起こったら、その対応に大量の時間を使うことになります。そうならないようにリスク回避すべきです。

パソコンの画面がのぞき見される可能性があるところではメールを処理しない。壁に背中を向けて作業をするなど、注意が必要です。

私も電車に乗りながらスマホでメールを見るときは、壁側に背中をつけています。背後は絶対に取らせません。

Point 53

1日に300通のメールをさばく

私は毎日300通のメールを処理しています。メルマガや営業メール、スタッフからのメール、お客さまからのメール、Facebookからの通知、セミナーの申し込みなど、メールを処理しているそばからメールが届く状態です。

メールは、今すぐ見るべきもの、担当が別にいるもの（後で見ればよい）、見る必要がないが受信しているものなど、いくつかのパターンに分類して処理しています。

見る必要はないが受信しているもの

なぜ、見る必要がないメールを受信解除しないのか、不思議でしょう。

仕事をしていると、このようなメールも受け取らなくてはならないことがあります。その代表格が、システムが勝手に送ってくるメールです。システム側で配信を止められないものもあります。

メルマガの内容を後で検索したいけど、今は読みたくないものもあります。

たとえば、書評家のメルマガを何本か取っていますが、参考資料として後でまとめてチェックしています。今すぐに読む必要がありません。

未読メールとして視界に入ると処理したくなるので、そのようなメールは、自動振り分けで既読状態にしてフォルダに格納します。

メールが届くと、すべて既読にしたがる人がいます。そのような人は「既読＋フォルダに移動」をすぐに実践してください。

振り分けフォルダを細分化しすぎない

メールには自動振り分けという便利な機能があります。ある条件（送信者のアドレスが一致するなど）に合致したら、自動的に所定のフォルダに振り分けられます。便利な機能ですが、じつは**使い方次第では、かえって不便になる**ので要注意。

私も昔は、お客さまごとにフォルダを作り、自動でメールを振り分けていました。メールが届くたびに、お客さまのフォルダをクリックしてメールをチェック。お客さまごとにフォルダがあるので、クリックの回数は当然増えます。

ある日「人生で、あと何回クリックするのだろうか？」「このクリックは、そもそも無駄ではないか？」と考え、非効率な現状に気づきました。

こうしてメールの仕分け方法を変えました。今すぐ見なくていいメール（メルマガ、SNS関連などが、その代表格）は**専用フォルダを作って、自動振り分け**。手が空いているときに1日2回から3回くらい読むようにしました。

セミナーの申し込みメールなども、フォルダを作って、自動的に格納されるようにしました。このセミナーの申し込みはスタッフが対応するので、私は1日に1回チェックをすれば十分。

それ以外のメールはすべて受信トレイに届くようにしました。

自分自身が処理者ではないもの

セミナーの申し込みはすべてスタッフが対応するなら、受け取らなくてもいいではないかと言われそうですが、やはり、どのくらい申し込みがあるかは知りたいわけです。問い合わせがあったら、対象のメールアドレスや名前でメールボックスの中を検索します。過去に、どのような接触をしているかわかったほうがいいので、こういった申し込み関連の情報もすべてメールに残しておきます。

セミナーなどの申し込みはフォームを介して送られてきます。そのため件名は、こちらで任意に設定できます。『【登録通知】時間管理セミナー』のように件名を固定して、フォルダに自動振り分けをします。この場合は、未読状態のままにしておき、件数を可視化。ちょっとした息抜きや帰り際に、まとめて見るようにしています。

今すぐ見るべきもの

今すぐ見るべきものは受信トレイに、そのまま入るようにしています。お客さまからのメール、社内のメール、重要度の高いメルマガ。すべてを1カ所に集めています。

企業名や個人名ごとに分けると、優先順位を自然とつけてしまいます。「あの上司は苦手だから後で見よう」「このお客さまは好きだから今すぐ見よう」というような行動の連続が効率を落としています。

意味のない優先順位に惑わされないように、処理すべきすべてのメールを1カ所に集めるのです。

今すぐ処理すべきメールを、どうやってさばいていくのか。

まずは、**優先順位をつけずに古いものから順に開封**します。1分以内で返事ができそうだと思ったら、メールの本文は読まずに返信ボタンを押す。そして、メールを読みながら部分引用で返信内容を書いていきます。

パッと見て、時間がかかりそうなものは、いったんスターマーク（Ｇｍａｉｌ固有のフラグのようなもの）をつけます。スターマークは色分けができます。

そのときに、トリアージの概念を用います。大規模災害などで、けが人が多数いるときに軽度・重度などと選別をして、治療の優先順位をつける手法です。

私の場合は、**黄色は後で読む**（選別前の未読メールも含む）、**赤は重要、青は時間ができたら熟読**、このように色分けしています。

毎朝、１００通以上のメールがたまっています。それを、このように仕分けして一日がスタートします。１分以上かかるメールは隙間時間に処理します。

ウェブサイトをいじって疲れたら、1通から2通のメールを処理。コーヒーを入れて、くつろぎながら1通から2通のメールを処理。私の場合、隙間時間にやるべきものがメールの処理です。

Point 54

メールは消さない

送信、受信、すべてのメールをこまめに消している、という話を聞きます。「要らないから消している」という方もいますが、その「消す」という作業自体が時間の無駄です。

昔は、メールサーバーの容量が少なかったのですが、今では状況も変わりました。Google WorkspaceのＧｍａｉｌは、もともと30ＧＢの容量が用意されています。私のようなヘビーユーザーでも10年で、やっと上限に達したため、年間２５００円支払い、１００ＧＢの容量を追加しました。このくらいのコスト負担で済んでいるわけですから、容量を空けるためにデータを消す作業が、いかに無駄かわかるでしょう。

今やメールの通数が増えても検索スピードには、ほぼ影響がありません。そうなると、メールを消すメリットがないのです。

私は、**メールを消さずに既読のものを非表示**にしています。これならば視界に入らないのでストレスがありません。

メールボックスもカスタマイズして【未読】（新規メール）、【スター付き】（未処理メール）、【受信トレイ】（既読、非表示）にしています。

いろいろな使い方をしてみましたが、これが一番、利便性が高いと感じています。

このように繰り返しの作業が無駄になっていないかを確認し続けます。一つの環境に慣れてしまってそれが当たり前と考えるかもしれません。だからこそ、つねに現状を確認し、「本当にこの動作は必要か」と自分に問いかけてください。

毎日2分の無駄が生まれているなら、1年続けたら1日分の無駄につながります。小さなことに目を向けて、日々改善していきましょう。

本書は、プレジデント社より刊行された『仕事を高速化する「時間割」の作り方』を、文庫収録にあたり再編集のうえ、改題したものです。

平野友朗（ひらの・ともあき）
一般社団法人日本ビジネスメール協会代表理事。株式会社アイ・コミュニケーション代表取締役。実践塾シェアクラブ主宰。
一九七四年、北海道生まれ。筑波大学人間学類で認知心理学を専攻。ビジネスメール教育の専門家。メールのスキル向上指導や組織のルール策定、メールコミュニケーションの効率化や時間短縮による業務改善など支援実績は多岐に渡る。これまでに研修やコンサルティングを行った組織は官公庁や民間企業など五〇〇〇を超える。年間一五〇回以上の研修やセミナーでの講演、一五〇〇回以上のメディア掲載、二〇〇三年から続くメルマガ「毎日0・1%の成長」を通じてビジネスメール教育の普及に力を注いでいる。
一般社団法人日本ビジネスメール協会
https://businessmail.or.jp/

知的生きかた文庫

なぜかうまくいく人《ひと》の頭《あたま》のいい時《じ》間割《かんわり》

著　者　平野《ひらの》友朗《ともあき》
発行者　押鐘太陽
発行所　株式会社三笠書房
〒一〇二―〇〇七二　東京都千代田区飯田橋三―三―一
電話〇三―五二二六―五七三四〈営業部〉
〇三―五二二六―五七三一〈編集部〉
https://www.mikasashobo.co.jp
印刷　誠宏印刷
製本　若林製本工場

ISBN978-4-8379-8859-5 C0130